Hüttenwandern in Südtirol

Beim Aufstieg zur
Kegelgasslalm im Ahrntal

Mark Zahel

Hüttenwandern
in Südtirol

*Die 55 schönsten Ziele
vom Vinschgau
bis zum Pustertal*

BRUCKMANN

INHALTSVERZEICHNIS

Kapelle bei der Weißkugelhütte im Langtauferer Talschluss

Einer idyllischen Lage erfreut sich die Marteller Hütte bei der Konzenlacke.

INHALTSVERZEICHNIS

DEM STURME TRUTZ – DEM WANDERER SCHUTZ

Berghütten sind die Dreh- und Angelpunkte des alpinen Wandertourismus, bieten ein schützendes Dach und versorgen uns mit Speis und Trank. Sie dienen als Stützpunkte für größere Vorhaben, Gipfelziele oder lange Übergänge, sind aber auch für sich genommen lohnende Anlaufpunkte. Hütten werden wohl niemals ihre Bedeutung verlieren, solange Menschen in die Berge gehen. Man muss sich nur einmal an einem schönen Sommertag auf der Terrasse einer Hütte niederlassen und wird sofort begreifen: Hier wird das Leben genossen. Und gerade in Südtirol, ganz der Lebensart entsprechend, wird Genießen großgeschrieben. Wer kennt dieses Gefühl nicht: eine deftige Marende im Angesicht einer grandiosen Berglandschaft – und man ist einfach wunschlos glücklich!

In diesem Band sollen also Hütten als eigenständige Wanderziele in den Mittelpunkt gestellt werden. Das Spektrum ist so breit gefächert, wie ihre Besucher unterschiedliche Vorlieben mitbringen: Während für die einen Beschaulichkeit Trumpf ist, suchen andere vor allem ein Basislager mit reichhaltigem Tourenangebot. Manche Hütten werben mit allerlei Komfort, in anderen hingegen wird bewusst dem einfachen Leben im Gebirge gehuldigt: rustikale Herbergen als erlebnisorientierter Gegenpol zum Alltag der meisten Menschen.

Vorgestellt werden hauptsächlich jene Hütten, die im alpinen Gelände liegen und erwandert werden wollen, also keine Gasthäuser mit direktem Straßen- oder Liftanschluss. Das Gros der Hüttenbauten geht auf die Initiative des Alpenvereins zurück, der sich einst dem Hütten- und Wegebau als vorrangigem Ziel angenommen hatte. Einige sind aber auch durch Privathand errichtet, mitunter als Umgestaltung ehemaliger Almen, die hier ergänzend Berücksichtigung finden.

Im Laufe der Zeit habe ich in Südtirol fast alle Berghütten dieses Stils persönlich kennen gelernt, bei vielen sogar mehrfach vorbeigeschaut, sei es auf dem Weg zu einem Gipfel, während längerer Durchquerungen oder einfach nur so aus Lust und Laune. Mit der reichen Auswahl von rund 70 Hütten in 55 Tourenkapiteln ist ein ausführliches Kompendium entstanden, wie es bisher für Südtirol vermutlich einzigartig ist. Interessante Anmerkungen zur Historie und die Vorstellung des jeweiligen alpinen Umfelds bereichern die eigentlichen Wegbeschreibungen, wobei mitunter auch verschiedene Zustiege aufgenommen werden konnten. Dazu kommt ein Ausblick auf (Gipfel-)Touren, die von den Hütten aus unternommen werden können. Es dürfen sich also alle Wanderer angesprochen fühlen, die in Südtirols herrlicher Bergwelt genussreich unterwegs sein wollen.

Viel Freude dabei wünscht   Mark Zahel

Stützpunkt am Hinteren Seelenkogel: die Zwickauer Hütte

Einleitung

GESCHICHTE DER SÜDTIROLER HÜTTEN

Hütten zählen neben den Wegen zur wichtigsten, ja unentbehrlichen touristischen Infrastruktur im Gebirge. Wandern und Bergsteigen, wie wir es heute kennen, wäre ohne sie praktisch nicht vorstellbar. Um das Unterwegssein zu erleichtern, hatte sich schon der in der zweiten Hälfte des 19. Jahrhunderts gegründete Alpenverein die Erschließung des Gebirges mit eben dieser landschaftsschonenden Infrastruktur auf die Fahnen geschrieben. Zu jener Zeit herrschte eine regelrechte Aufbruchstimmung. Beim Blick in die Annalen stellt man fest, dass vor allem von etwa 1875 bis zum Ersten Weltkrieg die meisten alpinen Stützpunkte errichtet wurden. Verschiedene Sektionen – teils ortsansässig, oft aber aus fernen deutschen Städten – hatten sich ihre »Arbeitsgebiete« auserkoren und gingen nun mit Eifer ans Werk.

Dann kam 1914 der große Krieg, die Front in Fels und Eis – eine tiefe Zäsur, die ein abruptes Ende dieser Entwicklung bedeutete. Im Friedensvertrag von Saint Germain wurde das südliche Tirol dem italienischen Staat angegliedert; der Alpenhauptkamm bildete fortan die neue Staatsgrenze. Als Konsequenz wurden auch die von deutschen und österreichischen Alpenvereinssektionen gebauten Hütten auf Südtiroler Boden zum Politikum. Mit der entschädigungslosen Enteignung und Zusprechung an den Club Alpino Italiano (CAI) standen jene Sektionen plötzlich mit leeren Händen da. Alles, wofür man jahrelang tatkräftigen und auch kostenintensiven Einsatz vollbracht hatte, war auf einen Schlag verloren. Immerhin bemühte sich der CAI bei vielen Häusern um die Fortführung der Tradition, engagierte auch einheimische Bewirtschafter, allerdings vorerst überlagert durch die faschistische Ausrichtung Italiens und gebremst durch politische Wirrungen um Südtirol, wie sie auch nach dem Zweiten Weltkrieg noch lange Jahre anhielten. Manche Hütten, speziell im nördlichen Grenzbereich zu Österreich, wurden zeitweilig vom Militär beschlagnahmt und verwahrlosten dann.

Diese allgemeinen Erläuterungen mögen Einblick in die außerordentlich wechselvolle und oft alles andere als glückliche Geschichte der Südtiroler Hütten geben. Doch wollen wir das Positive sehen: Heutzutage stellt sich die Lage ziemlich entspannt dar. Die meisten Hütten sind wieder ihrer angestammten Funktion im Dienst der Bergsteiger zugeführt und im boomenden Wandertourismus regelrecht aufgeblüht. Denn die Freude, die Menschen mit ihnen haben, ist nicht nationenspezifisch. Sie wird im Norden der Alpen ebenso empfunden wie im Süden. Der 1946 neu gegründete Alpenverein Südtirol (AVS) sowie einige private »Akteure« haben das Hüttenangebot mit etlichen Neu- und Wiederaufbauten nach und nach wunderbar erweitert. Ende 2010 liefen für 25 Schutzhütten die Verträge über die Führung durch den CAI aus. Die Autonome Provinz Südtirol als neuer Eigentümer plant derzeit die Bildung einer Führungskörperschaft (bestehend aus Land, AVS und CAI), die zukünftig für Pachtverträge, Sanierungen etc. verantwortlich sein soll.

Viele Südtiroler Berghütten haben eine turbulente Geschichte hinter sich.

EINIGE NÜTZLICHE HINWEISE

Zur Auswahl der Hütten

Es ist dem Verfasser ein besonderes Anliegen, in diesem Buch eine breite Palette der Berghütten Südtirols zu versammeln. Wenn auch Vollständigkeit im gebotenen Platzrahmen nicht erreicht werden kann, so findet der aufmerksame Wanderfreund doch nahezu sämtliche Hütten, die als Stützpunkte für alpine Touren ausgerichtet sind und mehr oder weniger fern der Täler liegen. Diesem Hauptkriterium zufolge wurde den Alpenvereinshütten meist Vorrang eingeräumt,

In den Sextener Dolomiten lockt die Zsigmondy-Comici-Hütte viele Wanderer an.

Zwei Mini-Hütten im Radlsee (Sarntaler Alpen)

11

Aus dem Vinschgau
steigt man zur
Lodnerhütte auf.

Alpenrosenblüte
im Eisbruggtal
(Pfunderer Berge)

obgleich etliche privat geführte Unterkünfte in der Auswahl nicht fehlen. Hier gilt es, eine Abgrenzung von der »echten« Berghütte zum Gasthaus mit Ausflugscharakter zu ziehen, was in der Praxis sicherlich nicht immer ganz eindeutig geschehen kann. Als Quintessenz, meine ich, sollte der Wanderaspekt im Vordergrund stehen, was im Falle von Seilbahn- oder öffentlichem Straßenanschluss nicht mehr gewährleistet wäre. Freilich besteht noch ein enormer Unterschied zwischen dem einstündigen Bummel zu einer im Almbereich gelegenen Hütte und dem knackigen Anstieg bis ins Dreitausenderniveau. Diese Vielfalt ist jedoch typisch für Südtirol und spiegelt sich auch in den Ambitionen der Wanderer wider.

Tourenplanung

Eine sorgfältige Vorbereitung bildet die Grundlage für jede gelungene Tour. Wichtigste Mittel zur Planung sind:

Topografische Karte: Hier sei die Tabacco-Karte empfohlen, die inzwischen flächendeckend für Südtirol vorliegt. Vereinzelte Schwächen bei der Schreibweise geografischer Begriffe werden durch die solide Geländedar-

stellung und den vorteilhaften Maßstab (1:25 000) mehr als aufgewogen.

Routenbeschreibung und Charakteristik: Alles Notwendige für die Wanderungen, einschließlich wichtiger »Kenndaten« der Hütten, versammelt das vorliegende Buch. Wer mehrtägige Übergänge von Hütte zu Hütte anstrebt, ist darüber hinaus mit folgendem umfangreichen Werk bestens beraten: Mark Zahel »Hüttentreks«, Bruckmann Verlag, München.

Aktuelle Informationen über Wetter und Verhältnisse: Eine ausführliche Wetterprognose für mehrere Tage findet man im Internet unter www.provinz.bz.it. Oft liegt bei den Tourismusbüros davon ein Ausdruck aus. Auch Nachrichtensendungen im Radio beinhalten meist einen Wetterbericht, lobenswert ausführlich wochentags um 7.15 Uhr im Sender Bozen. Über die Situation vor Ort kann man sich telefonisch bei Tourismusbüros oder Hüttenwirten informieren.

Gegebenenfalls allgemeine touristische Informationen: Diese holt man am besten bei den örtlichen Tourismusbüros ein (siehe jeweilige Tour) oder bei Südtirol Marketing, Pfarrplatz 11, I-39100 Bozen, Tel. 0471/99 99 99, www.suedtirol.info ein.

Zeitangaben

Beim Bergwandern sind die konditionellen Anforderungen oft ein entscheidender Faktor. Rückschlüsse darauf lassen mittelbar die Angaben bezüglich Höhenmetern und Streckenlängen zu, die hier so genau wie sinnvoll ermittelt wurden. Direkter ist natürlich die Aussage zu den Gehzeiten, die jedoch nicht allgemeingültig verstanden werden kann, da diese zu sehr von der persönlichen Fitness und den herrschenden Umständen abhängig sind. Daher dienen die Zeitangaben immer nur als Richtwerte, gemessen an durchschnittlich ausdauernden Bergwanderern, und sind wie immer ohne Pausen gerechnet. Freilich sind typische Hüttenwanderungen meist nicht allzu lang, teilweise kaum tagfüllend, weshalb das Thema hier nicht gar so heiß gegessen werden muss.

Schwierigkeitsbewertung

Bei den vorgestellten Touren bewegen wir uns fast ausschließlich auf markierten und gut ausgebauten Wanderwegen, also alpintechnisch gesehen in leichterem Terrain. Nur ausnahmsweise wird auch einmal ein anspruchsvollerer Klettersteig begangen. Die gemäß der Buchreihe gebräuchliche Unterteilung in drei verschiedene Schwierigkeitsklassen (wie in der Umschlagklappe dargestellt) ist themenspezifisch, d.h. nur als Vergleich zwischen den einzelnen Wanderungen dieses Bandes zu verstehen und bezieht sich – ebenso wie die Angaben zu Gehzeiten, Höhenmetern und Streckenlängen – auch ausschließlich auf die Wege vom Ausgangspunkt zur jeweiligen Hütte. Dass ein Zusatzprogramm (Gipfel oder Übergänge) oftmals deutlich höhere Anforderungen stellen kann, wird ausdrücklich betont. Außer etwaigen geländebedingten Hürden, die jedoch auf gewöhnlichen Hüttenwegen relativ selten vorkommen, sowie der durchschnittlichen Steilheit der Anstiege fließen Länge der Tour bzw. Steigpensum als wichtige Kenngrößen in die Bewertung ein. Spätestens ab 1000 Höhenmetern Anstiegsleistung oder 5 Std. Gehzeit hin und zurück wird daher nicht mehr als »leicht« eingestuft, auch wenn es vom Gelände her noch angemessen erscheinen würde. Der größte Teil der Touren fällt aber trotzdem in die untere der drei Kategorien und darf daher für elementar bergtaugliche Menschen als empfehlenswert angesehen werden. Wirklich ernste Unternehmungen, die das Prädikat »schwierig« vollauf verdienen, sind dagegen rar gesät. Es handelt sich namentlich um Becherhaus, Santnerpasshütte, Pisciadùhütte und Schwarzensteinhütte, wo ausgesprochen hochalpine Pfade oder klettersteigartige Routen zu beschreiten sind.

Gefahren

Anstiege zu Berghütten können in der Regel als sehr risikoarm angesehen werden. Normalerweise sorgen die Bewirtschafter und zuständigen Sektionen für einen einwandfreien Zustand der Wege. Dennoch muss jeder akzep-

Die Klausner Hütte, ein beliebtes Wanderziel oberhalb Latzfons

tieren, dass in den Bergen trotz anzustrebender hoher Sicherheitslevels ein gewisses Restrisiko niemals auszuschließen ist. Daher soll an dieser Stelle kurz an die wichtigsten Gefahrenpotenziale erinnert werden:

Selbstüberschätzung: Sie kann sich sowohl auf alpintechnisches Können, etwa in ausgesetztem Gelände, das erhöhte Trittsicherheit und absolute Schwindelfreiheit verlangt, als auch auf die körperliche Leistungsfähigkeit und Ausdauer beziehen. → Gute Vorbereitung, Tour richtig auswählen und einschätzen, Zeitreserven einplanen, eventuell rechtzeitig abbrechen.

Wetter: Durch Wetterverschlechterung drohen unmittelbare (z. B. Blitzschlag) und mittelbare Gefahren (siehe Verhältnisse). → Wetterbericht einholen, Entwicklung aufmerksam verfolgen, geeignete Ausrüstung mitführen, rechtzeitig umkehren oder Schutz aufsuchen.

Verhältnisse: Schnee und Eis, oft auch schon Nässe, erschweren die Begehung jedes Bergweges; es drohen Ausgleit- und manchmal sogar Absturzgefahr. → Bei vereinzelten, nicht zu steilen Altschneefeldern kann ausrüstungstechnisch vorgesorgt werden, bei Neuschnee ist generell eher abzuraten.

Steinschlag: Gefährdete Zonen liegen häufig im Bereich von Rinnen und abschüssigen Felsflanken. → Passagen rasch, aber konzentriert durchqueren, auf Klettersteigen Helm tragen.

Notsituation

Falls ein Unfall passiert ist, heißt es zunächst Ruhe bewahren und dem/den Verletzten Erste Hilfe zu leisten. Mit einem Handy lässt sich direkt die Bergrettung verständigen; die Notrufnummer lautet 118. Folgende Angaben sind notwendig:

• Wer meldet den Unfall?
• Wo ist der Unfall passiert?
• Was ist geschehen?
• Wie viele Personen benötigen Hilfe?
• Wie sind Wetter und Bedingungen vor Ort?

Für den Fall, dass kein Handy zur Verfügung steht oder kein Empfang möglich ist, muss das alpine Notsignal beherrscht werden:

Man gibt sechsmal pro Minute in regelmäßigen Abständen ein akustisches oder optisches Signal. Mit je einer Minute Pause dazwischen so lange wiederholen, bis man Antwort erhält bzw. die Rettungskräfte eintreffen.

Die Antwort besteht aus dreimaligen Zeichen pro Minute.

Das Bergsteigen selbst wird allerdings durch ein Handy nicht sicherer, und niemand sollte sich dadurch zum Eingehen erhöhter Risiken veranlasst fühlen. Es ist grober Unfug, die Bergrettung als Rückversicherung anzusehen, falls einem die Tour zu anstrengend wird und man nicht mehr weiterwandern mag. Auch im Handyzeitalter darf einer der wichtigsten Grundsätze des Berggehens nicht außer Acht gelassen werden: Jeder ist eigenverantwortlich unterwegs und hat selbst für seine gesunde Rückkehr ins Tal Sorge zu tragen. Das beinhaltet eine gründliche Tourenvorbereitung ebenso wie eine umsichtige Durchführung.

Behutsamer Wandertourismus

Prinzipiell ist das Wandern eine Tourismusform, die schonenden Umgang mit der Natur gewährleistet. Wir sollten dies fördern, indem wir alles so hinterlassen, als wären wir nie dort gewesen. Also nichts liegen lassen (insbesondere keinen Müll) und nichts wegnehmen, auch wenn die Blumen auf der Bergwiese noch so schön aussehen. Dort, wo sie wachsen, gehören sie auch hin, selbst wenn es in scheinbar verschwenderischer Fülle geschieht. Außerdem möchten sich nachfolgende Wanderer noch genauso daran erfreuen. In Schutzgebieten wie Naturparks gelten im Übrigen besonders strenge Vorschriften, die aber eigentlich überall eingehalten werden sollten. Der Erhalt einer intakten Natur ist ein solch hohes Gut, dem sich letztlich alle anderen Interessen unterordnen sollten.

Ebenso beliebter Anlaufpunkt im Fanesgebiet: die Lavarellahütte

Beim Abstieg von
der Oberetteshütte

Die Hütten

1 WEISSKUGELHÜTTE
Im Banne des Langtauferer Ferners

leicht   3 ½ Std.   630 Hm   10 km

AUSGANGSPUNKT
Melag (1912 m), innerster Weiler im Langtauferer Tal; Zufahrt von Graun am Reschensee (Busverkehr).

GEHZEITEN
Aufstieg 2 Std., Abstieg 1 ½ Std.

AUFSTIEGSMETER
Ab Melag 630 Hm.

ANFORDERUNGEN
Zwei leichte Wanderanstiege, die sich kurz vor der Hütte verbinden. Mit einem Grundmaß an Trittsicherheit keine besonderen Probleme.

KARTE
Tabacco, 1:25 000,
Blatt 043 »Vinschgauer Oberland«.

TOURISMUSINFORMATION
Ferienregion Reschenpass,
I-39027 Graun, Tel. 0473/63 46 03.

HÜTTENSTECKBRIEF
Höhe: Weißkugelhütte, 2542 m
Besitzer: Autonome Provinz Südtirol, erbaut 1893
Kapazität: 48 Schlafplätze
Bewirtschaftet: Ende Juni–Mitte Oktober
Winterraum: nein
Telefon: 0473/63 31 91

ÜBERGÄNGE
Brandenburger Haus (3274 m), 3 ½ Std.;
Schöne-Aussicht-Hütte (2842 m)
über Weißkugeljoch, 5 ½ Std.,
beides Gletschertouren

GIPFELTOUREN
Schmied (3170 m), 2 Std.; Weißkugel (3738 m), Gletschertour, via Hintereisjoch 5 Std., direkt über den schwierigeren Nordgrat 4 Std.

Das Gros der eilig durchreisenden Touristen gönnt sich wohl höchstens einen kurzen Zwischenstopp an der Reschenstraße, beim Kirchturm des versunkenen Alt-Graun, der unbedingt abgelichtet werden muss, und ahnt derweil nichts von den Schätzen, die nur zehn Kilometer entfernt den Talschluss von Langtaufers zieren. Wer dort schon einmal hineingeschnuppert hat, wird dem Verfasser kaum widersprechen wollen: Die Weißkugelhütte liegt zweifellos an einem der großartigsten Standorte in Südtirols Bergwelt. Und erstaunlich, mit welch geringen Mühen wir in die erhabene Arena des Langtauferer Ferners – die umkränzt wird von Glanzlichtern wie der Weißkugel, der Langtauferer Spitze, den Bärenbartkogeln und der Weißseespitze – Eintritt erhalten. Zerrissene Gletscherlappen winden sich aus den Steilflanken zu Tal, schaffen eine Szenerie von westalpinem Anstrich. Ein wahres Fest für die Augen! Diesen Ausflug vom innersten Weiler Melag, schon dort mit verheißungsvollem Ausblick, sollte sich niemand entgehen lassen.

Von Melag in die Gletscherwelt Wir schlendern durch die Hofgassen von Melag und können uns schon wenige Augenblicke später für eine der beiden Varianten entscheiden: entweder gleich links am Hang hoch und mit einer aussichtsreichen Aufwärtstraverse Richtung Innere Schäferhütte (2354 m) am Ausgang des Falginkars oder vorerst in der Talsohle verbleibend. Eine halbe Stunde weiter lockt dort die Melager Alm (1970 m) auf der rechten Bachseite Gäste zur Marende, willkommen vielleicht am ehesten für eine Schlusseinkehr, nachdem sich die Augen richtig sattgesehen haben. Die Kehren dieses Hüttenweges (Nr. 2) beginnen also erst später und treffen im Bereich der Terrasse von Parmutt auf Route 3 über die Schäferhütte. Nun ist es nicht mehr weit bis zur Weißkugelhütte, wo uns die Langtauferer Eiskulissen vollkommen in den Bann ziehen.

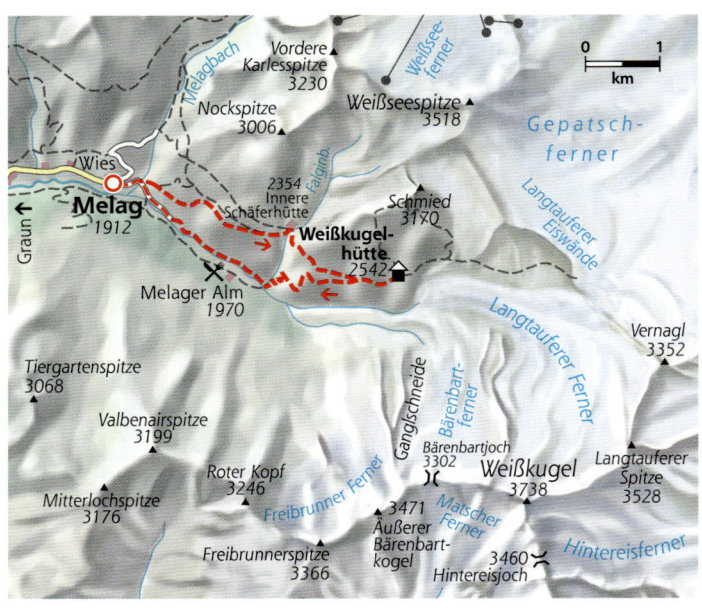

![Blick ins innere Langtauferer Tal hinter Melag](mountain valley panorama)

Richterweg und Schmied Für die wandernde Zunft scheint hier bald Endstation, doch ist eine Steigerung der Eindrücke immerhin noch auf zweierlei Weise möglich. Kurz vor dem Ersten Weltkrieg baute die Alpenvereinssektion Mark Brandenburg (die just die Hütte von der Erbauersektion Frankfurt übernommen hatte) den Richterweg hinauf in die Vernaglwände als Anschluss zum großen, plateauartigen Gepatschferner. In dessen weiter Eisödnis steht nämlich am Felssporn der Dahmannspitze das Brandenburger Haus, und dafür brauchte man einen Versorgungsweg, der tunlichst kürzer sein sollte als jener durchs Venter- und Rofental. Oberhalb des Moränentroges können wir auf der ordentlichen Trasse in den innersten Winkel vordringen, bis es uns im Geschröf der Vernaglwände, links eines eindrücklichen Eisbruchs, letztendlich zu grimmig wird.

Ein weiteres Extra eröffnet uns der Schmied (3170 m), kein eigentlicher Gipfel, aber doch eine Aussichtsloge der Extraklasse und schon ein gutes Stück über die Dreitausenderlinie herausragend. Die kleine Klettereinlage in kantigem Gneis ist für Geübte unterhaltsam, wobei zwei bezeichnete Felsenwege sogar einen Rundkurs erlauben. Von der kreuzgeschmückten Kanzel genießen wir den perfekten Überblick über das Reich der stolzen Weißkugel und ihrer Vasallen.

Blick ins innere Langtauferer Tal hinter Melag

Das alte Refugium vor vergletscherten Dreitausendern wird demnächst neu erbaut.

19

2 OBERETTESHÜTTE
Weißkugel-Sprungbrett im stillen Matscher Tal

mittel | 4 ¾ Std. | 900 Hm | 12 km

AUSGANGSPUNKT
Glieshof (1824 m); Zufahrt von der Vinschgauer Staatsstraße nahe Tartsch bis in den Matscher Talschluss (keine Linienbusanbindung).

GEHZEITEN
Aufstieg 2 ½ Std., Abstieg via Klamm 2 ¼ Std., direkt 1 ¾ Std.

AUFSTIEGSMETER
850 Hm bis zur Hütte, ein paar zusätzliche Hm bis zum Beginn der Abstiegsroute.

ANFORDERUNGEN
Im Allgemeinen gut begehbarer Hüttenweg, zwischendurch etwas abschüssig. Das gilt auch für die Variante über die Klamm, daher grundlegende Trittsicherheit vorteilhaft.

KARTE
Tabacco, 1:25 000, Blatt 043 »Vinschgauer Oberland«.

TOURISMUSINFORMATION
Ferienregion Obervinschgau, I-39024 Mals, Tel. 0473/83 11 90.

HÜTTENSTECKBRIEF
Höhe: Oberetteshütte, 2677 m
Besitzer: AVS Sektion Mals, erbaut 1988
Kapazität: 83 Schlafplätze
Bewirtschaftet: Ende Juni–Anfang Oktober
Winterraum: ja, offen
Telefon: 0473/83 02 80

ÜBERGÄNGE
Via Salurseen zurück ins Matscher Tal, spärlich bezeichnete Alpinroute, 4 Std.; Kurzras im Schnalstal (2011 m) über Bildstöckljoch, 3 ½ Std.

GIPFELTOUREN
Weißkugel (3738 m), Gletschertour, 4 Std.

Solch weltabgeschiedene Winkel wie das innere Matscher Tal – beinahe so unbekannt wie eine Hochlandschaft in Mittelasien oder die Bergwelt im arktischen Norden, wie es ein Alpinschreiber einmal überspitzt formulierte – sind in Südtirol nur noch selten zu finden. Hier in den südwestlichen Ötztaler Alpen, am Saldurkamm und seinen Nebenästen, ragen gleichsam »vergessene« Gipfel in den Himmel, nicht selten stolze Dreitausender, die für exklusive Erlebnisse bereitstehen. Doch kaum jemand nimmt das Angebot an. Nur die Weißkugel entfaltet eine gewisse Anziehungskraft, obwohl man sie von Matsch aus gar nicht zu sehen bekommt. In den letzten Jahren hat sich der Anstieg von dieser Seite aber durchaus etabliert, zumal sich Bergsteiger an den »Konkurrenzrouten« von der Schönen Aussicht sowie der Weißkugelhütte im Langtauferer Tal mit zunehmend unberechenbar werdenden Gletscherbedingungen auseinandersetzen müssen. Als einziger alpiner Stützpunkt im Matscher Tal wurde vor 20 Jahren die Oberetteshütte eröffnet, und zwar an jener Stelle, wo Ende des Zweiten Weltkriegs die ehemalige Höllerhütte ein Raub der Flammen wurde. So ist wieder ein bisschen Leben in das abgelegene Hochtal gekommen – sanfter Bergtourismus, wie er wünschenswert ist, und eine Hüttentradition des Alpenvereins, die seitens der Sektion Karlsbad im ausgehenden 19. Jahrhundert begann und von den Malsern nun eine würdige Fortsetzung erfährt. In der Oberetteshütte fühlt man sich auf Anhieb wohl und wird, was das szenische Drumherum betrifft, tatsächlich ein wenig Richtung zentralasiatische Berglandschaften animiert.

Im Matscher Tal geht es noch ruhig und urtümlich zu.

Von der Oberettes-
hütte blicken wir
bis zum Ortler.

Vom Glieshof taleinwärts Bis zur Inneren Matscher Alm (2022 m) stehen mit dem Fahrweg links des Baches und einem verschlungeneren Pfad rechts davon zwei Möglichkeiten zur Verfügung. Später ist man ein Stück weit auf die Schotterpiste angewiesen, bis bei der Materialseilbahn die Talsohle nach rechts verlassen wird. Mit Bezeichnung 1 in Kehren an der steilen Berglehne empor, bald mehr diagonal ansteigend und dabei einen rutschgefährdeten Hang passierend. Schritt für Schritt gewinnt das Panorama immer mehr Kontur und Inhalt, während wir die letzten Windungen hinauf zur Oberetteshütte vollziehen.

Einige Gehminuten oberhalb, gleich nach der Querung eines Gletscherabflusses, befindet sich der Einstieg in eine für Trittsichere interessante Alternativroute (Nr. 2), die im Zickzack über die steile Trogflanke hinunter in den Talgrund führt. Die Örtlichkeit wird »Bei der Klamm« genannt. Talauswärts gelangt man nach einem Kilometer wieder zur Materialseilbahn.

Über die Saldurseen Unternehmungslustigen, die die Wanderung zu einer richtig großen Runde ausbauen möchten, kann die Schleife über die Saldurseen ans Herz gelegt werden. Dafür müssen wir auf dem Bildstöckljochweg freilich erst einmal bis zu einer gut 3000 m hohen Scharte ansteigen, ehe wir Kurs auf die abgelegenen, seengeschmückten Hochmulden nehmen können. Gut auf die Markierung achten! Das Gepräge in den nackten Gletscher-

schliffen und Blockschuttfluren ist hochalpin und entsprechend rau, doch setzen die Saldurseen wahrhaft belebende Akzente. Von den unteren Seen kurz links zu einer Karschwelle und dann durch Hochkare und Trogstufen noch weit hinab zur Inneren Matscher Alm, dabei auf Höhe des Saldurbodens einen markanten Rechtsbogen ausführend.

21

3 SESVENNAHÜTTE
Auf Tuchfühlung zur Schweizer Grenze

leicht | 4 Std. | 620 Hm | 11 km

AUSGANGSPUNKT
Schlinig (1738 m); Zufahrt von Burgeis im oberen Vinschgau; Busverbindung ab Mals.

GEHZEITEN
Aufstieg 1 ¾ Std., retour über Höhenweg 2 ¼ Std., direkt 1 ¼ Std.

AUFSTIEGSMETER
Bis zur Hütte 520 Hm, auf dem Höhenweg ca. 100 Hm zusätzlich.

ANFORDERUNGEN
Leichte Wanderung auf breitem Hüttenweg mit nur einem Steilstück. Auch der Rückweg am Hang ist gutmütig.

KARTE
Tabacco, 1:25 000, Blatt 043 »Vinschgauer Oberland« oder 044 »Vinschgau – Sesvenna«.

TOURISMUSINFORMATION
Ferienregion Obervinschgau, I-39024 Mals, Tel. 0473/83 11 90.

HÜTTENSTECKBRIEF
Höhe: Sesvennahütte, 2258 m
Besitzer: AVS Sektion Mals, erbaut 1981
Kapazität: 78 Schlafplätze
Bewirtschaftet: Anfang Juni–Ende Oktober, Mitte Februar–Ende April
Winterraum: ja, offen
Telefon: 0473/83 02 34

ÜBERGÄNGE
Ins Unterengadin, über den Schlinigpass (S-charl Joch) und durchs Val d'Uina, 3 ½ Std. bis Sur En; Chamanna Lischana (2500 m) über die Lais da Rims, alpin, 4 Std.

GIPFELTOUREN
Föllakopf (2878 m), 1 ¾ Std.;
Rasaßspitze (2941 m), 2 Std.;
Piz Sesvenna (3205 m), kombinierte Hochtour (Stellen I), 3 ½ Std.

Es war die Alpenvereinssektion Pforzheim, die sich um die Wende zum 20. Jahrhundert der Sesvennagruppe als Tourengebiet im Grenzbereich Tirols zum Engadin annahm. Im Sommer 1901 konnte die Pforzheimer Hütte über dem inneren Schliniger Tal eingeweiht werden, 1910 erfolgte die Erschließung der wilden, zuvor unpassierbaren Uinaschlucht (rätoromanisch »Il Quar«), die damit auch von Schweizer Seite einen Zugang ermöglichte. Heute sehen wir die Pforzheimer Hütte als stumme Zeugin geschichtlicher Turbulenzen. Der schlichte Steinbau steht noch, ist aber nicht mehr zugänglich und längst dem Verfall preisgegeben. Da eine Übernahme durch den Südtiroler Alpenverein von den italienischen Behörden abgelehnt wurde, beschloss dieser, ganz in der Nähe ein modernes, komfortables Haus zu errichten, das seit nunmehr drei Jahrzehnten die alte Pforzheimer Hütte ersetzt. Wie weitsichtig dies war, zeigt die Beliebtheit der neuen Sesvennahütte. Außer Tageswanderern sowie Hochtourengehern, die den Piz Sesvenna aufs Korn nehmen wollen, trifft man oft zahlreiche Mountainbiker, führt doch eine der beliebtesten Transalp-Strecken hier vorbei.

Durchs Schliniger Tal Hinter dem schmucken Dörfchen Schlinig zieht die für den öffentlichen Verkehr gesperrte Fahrstraße weiter sanft ansteigend taleinwärts. Wanderer wählen für die ersten zwei Kilometer indessen zumeist die Schottertrasse links des Talbachs. Nach der Zusammenführung erreichen wir die Schliniger Alm (1868 m), wo eingekehrt werden kann. An weiteren Almgebäuden vorbei geht es dem Felsriegel der Schwarzen Wand mit imposantem Wasserfall entgegen. Rechts ausholend über die Geländestufe hinweg und weiter in das liebliche Mattengelände der weitläufigen Gegend um den Schlinigpass hinein. Wir gewahren die Pforzheimer Hütte mit ihren zugenagelten Fenstern und drehen beim nahen Seelein schließlich links zur Sesvennahütte ab.

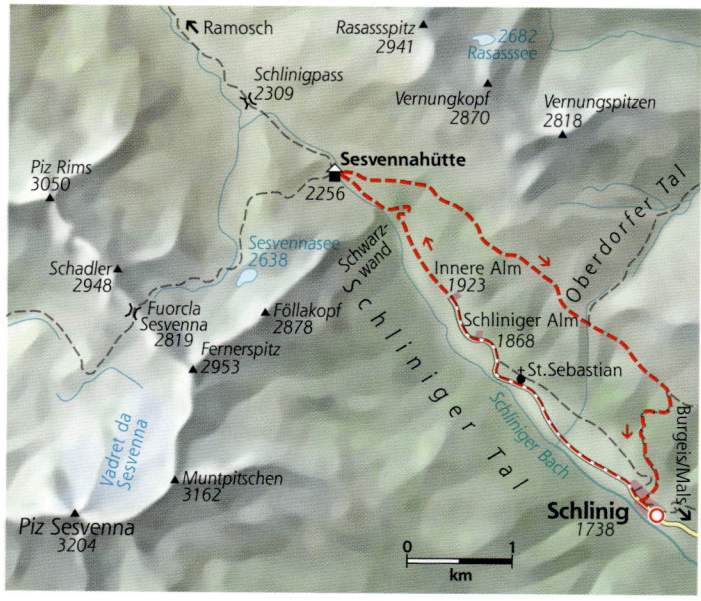

Wer für den Rückweg gern eine Alternative hat, sollte sich den Höhenweg mit der Markierung 8/8a auf der nordöstlichen Schliniger Talseite vornehmen. Die Ausblicke sind wundervoll und die Höhenunterschiede bescheiden – eine echte Genusswanderung. Man quert über die Schafweiden unterhalb des Vernungkopfes, passiert neben einigen kleineren auch eine stark eingefräste Runse und verlässt in Falllinie des Watles die Höhenroute zur Plantapatsch-Hütte, um durch den Lärchenwald nach Schlinig abzusteigen.

Föllakopf und Piz Sesvenna Als Hausberg der Sesvennahütte erkennen wir den Föllakopf (2878 m), der mit seinem hellen Kalkgestein geologisch schon ein Vorbote der Engadiner Dolomiten ist. Eine markierte Route (Nr. 5b) führt von Norden auf den zerborstenen Gipfelzacken, wobei manch einer vielleicht auch schon beim Sesvennasee (Kloanberglsee, 2634 m) hängen bleibt. An idyllischen Fleckchen ist die Gegend gewiss nicht arm. Wer hingegen unterhalb den Hauptweg weiterverfolgt, erreicht bald den Furkelsee sowie die Fuorcla Sesvenna (2824 m) im Grenzkamm zur Schweiz, wo man plötzlich im Angesicht des stolzen Piz Sesvenna (3205 m) steht. Auf dem nordostwärts abfließenden Gletscher nun hi-

nauf zu einer Scharte am Ansatz des Ostgrates. Mit seinen großen, rauen Blöcken bietet dieser das unterhaltsame Kraxelfinale, ehe man vom höchsten Punkt der Sesvennagruppe Umschau über die Engadiner und die Vinschgauer Bergwelt halten kann. Klar, dass diese hochalpine Tour erfahrenen Bergsteigern mit Gletscherausrüstung vorbehalten bleibt.

Die Sesvennahütte zählt zu den jüngeren Bauten des Südtiroler Alpenvereins.

Für den Rückweg empfiehlt sich der Höhenweg am Sonnenhang des Schliniger Tals.

DÜSSELDORFER HÜTTE
Vis-à-vis des Suldener Dreigestirns

leicht 3 ¼ Std. 380 Hm 7 km

AUSGANGSPUNKT
Talstation des Kanzellifts in Sulden (1844 m), Bergstation auf 2348 m; Zufahrt von Gomagoi an der Stilfser-Joch-Straße, Busverbindung von Spondinig.

GEHZEITEN
Aufstieg ab Bergstation 1 ½ Std., Abstieg nach Sulden 1 ¾ Std.

AUFSTIEGSMETER
Ab Kanzellift 380 Hm Aufstieg, talwärts bis Sulden 880 Hm.

ANFORDERUNGEN
Leichte Bergwanderung, mit Liftunterstützung auch nicht besonders anstrengend. Für elementar Bergtaugliche sehr lohnend.

KARTE
Tabacco, 1:25 000, Blatt 08 »Ortlergebiet«.

TOURISMUSINFORMATION
Ferienregion Ortlergebiet, I-39029 Sulden, Tel. 0473/61 30 15.

HÜTTENSTECKBRIEF
Höhe: Düsseldorfer Hütte, 2721 m
Besitzer: Autonome Provinz Südtirol, erbaut 1892
Kapazität: 65 Schlafplätze
Bewirtschaftet: Mitte Juni–Anfang Oktober
Winterraum: ja, mit Schlüssel
Telefon: 0473/61 31 15

ÜBERGÄNGE
Zufallhütte (2264 m), lange Gletschertour über mehrere Scharten, ca. 7 Std.

GIPFELTOUREN
Hinteres Schöneck (3143 m), 1 ½ Std., sehr lohnender Direktabstieg Richtung Sulden; Tschenglser Hochwand (3375 m), diverse Alpinsteige, darunter auch ein neuer Klettersteig, ca. 2 ½ Std.; Hoher Angelus (3521 m), kombiniert bis I+, 2 ¾ Std.; Vertainspitze (3545 m), über Nordostgrat kombiniert mit Kletterei I–II, über Nordwestgrat III–IV, 3 ½ Std.

Beim Club Alpino Italiano, der nach dem Ersten Weltkrieg in den Besitz vieler Südtiroler Schutzhütten kam, hat man sie auf den Namen Rifugio Alfredo Serristori getauft, manchmal ist auch von der Zaytalhütte die Rede, doch für die Einheimischen und ihre deutschsprachigen Gäste ist sie immer die »Düsseldorfer« geblieben. Von Beginn an – und das sind mittlerweile fast 120 Jahre! – zeichnet die alteingesessene Suldener Familie Reinstadler für die Führung verantwortlich. Hier haben sich Generationen von Bergsteigern stets gut aufgehoben gefühlt. Die Reinstadlers waren auch sehr aktiv, wenn es darum ging, die Zugänge zu den hohen Gipfeln ringsum zu erleichtern. So haben sie manchen Felsanstieg mit Markierungen versehen sowie hier und da Sicherungen angebracht, etwa am Nordwestgrat des Hohen Angelus oder am Südabsturz der Tschenglser Hochwand. Der Dreitausenderkranz des oberen Zaytals, ein Halbrund von besonderem Charisma, kann sich wirklich sehen lassen und ist ein wahres Eldorado für den hochalpin ambitionierten Bergfreund, der seiner Leidenschaft im Grenzbereich zwischen anspruchsvollem Alpinwandern und verhältnismäßig leichten Hochtouren frönen möchte. Doch auch wer keine Gipfelwünsche hegt, wird bei einer Wanderung zur Düsseldorfer Hütte von einem begeisternden Panorama verwöhnt, liegt doch das große Suldener Bergtrio mit der eleganten Königsspitze, dem Monte Zebrù und dem alles beherrschenden Ortler auf der gegenüberliegenden Talseite wie auf einer gewaltigen Bühnenloge. Vorhang auf zur großen Schau!

Beliebte Zaytalwanderung Nicht umsonst zählt die Tour vom Kanzellift zur Düsseldorfer Hütte mit Abstieg durchs Zaytal zu den Suldener Wanderklassikern schlechthin. Der Höhenweg von der Kanzel ist gut hergerichtet,

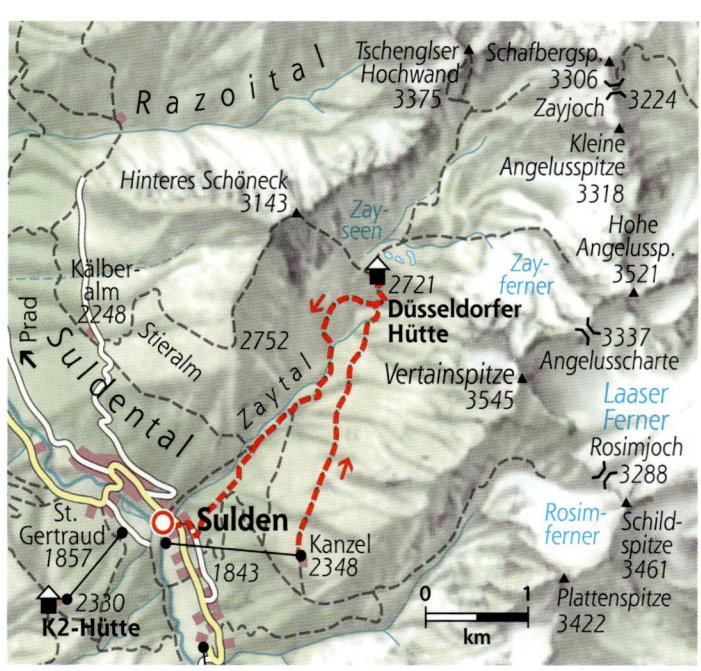

nur bei der Querung einiger Schotterhalden etwas holprig und ob seines geringen Steigpensums fast eine Promenade. Immer wieder wird man sich zum mächtigen Dreigestirn der Ortlergruppe umdrehen. Nach einer bequemen Aufwärtstraverse durch die Westflanke der Vertainspitze schwenkt man links und fädelt in den Zaytalweg ein, um gemeinsam die letzten Kehren hinauf zur Hütte zu absolvieren. Dabei sollten wir nicht versäumen, auch ein wenig im inneren Zaytalkessel herumzustromern. Mit seinen Bachläufen und Moränenseen, den erratischen Felsblöcken und Gletscherschliffen lädt dieser zu spielerischen Erkundungsstreifzügen ein. Und vielleicht begegnet man sogar der von Reinhold Messner aus dem Himalaya importierten Yakherde, die hier oben sömmert.

Den Rückweg nehmen wir direkt durch den Taleinschnitt hinab nach Sulden, dabei immer das Rauschen des Gletscherbachs im Ohr. Über zwei Verflachungen geht es hinab in den Bergwald und zuletzt die Suldener Ortsstraße kreuzend zurück zur Talstation.

Auf zum Dreitausendersammeln! Das Gipfelangebot rund um die Düsseldorfer Hütte ist so reichhaltig, dass es hier nur grob angerissen werden kann. Am leichtesten ist das Hintere Schöneck (3143 m) zu haben, in der Überschreitung via Kälberalm nach Sulden übrigens eine

Galatour für erfahrene Bergwanderer, die vom Blick auf den Ortler nicht genug kriegen können. Auch die hoch über dem Vinschgau aufragende Tschenglser Hochwand (3375 m) ist über ihre Normalroute (daneben gibt es einen älteren und einen modernen Klettersteig) bedingt wandertauglich. Die anderen Ziele, also Schafberg und Kleiner Angelus im hintersten Winkel, vor allem aber Hoher Angelus und Vertainspitze, sprechen hingegen den gemäßigten Hochtourengeher an.

Was für ein Standort: die Düsseldorfer Hütte vis-à-vis König Ortler!

Hoher Angelus (links) und Vertainspitze sind begehrte Dreitausender im Umkreis.

5 TABARETTAHÜTTE, PAYERHÜTTE
»König Ortler« auf den Leib geschrieben

● mittel	🕐 6 Std.	▲ 1190 Hm	🚶 11 km	🚌	🚡	☺

AUSGANGSPUNKT
Sulden (1843 m); Zufahrt von Gomagoi an der Stilfser-Joch-Straße, Bus von Spondinig.

GEHZEITEN
Sulden – Tabarettahütte 2 Std. (ab Langenstein-Bergstation 1 ¼ Std.) – Payerhütte 1 ½ Std., Abstieg insgesamt 2 ½ Std.

AUFSTIEGSMETER
Bis zur Tabarettahütte 720 Hm, bis Payerhütte 1190 Hm, ab Langenstein-Lift jeweils ca. 400 Hm weniger.

ANFORDERUNGEN
Im Allgemeinen gut angelegter Steig, der oberhalb der Tabarettahütte in steiles Fels- und Bröselgelände hinein-führt (Steinschlaggefahr unter der Bärenkopfscharte). Zur Payerhütte Trittsicherheit und Ausdauer erforderlich.

KARTE
Tabacco, 1:25 000, Blatt 08 »Ortlergebiet«.

TOURISMUSINFORMATION
Ferienregion Ortlergebiet, I-39029 Sulden, Tel. 0473/61 30 15.

HÜTTENSTECKBRIEF
Höhe: Tabarettahütte, 2556 m
Besitzer: privat
Kapazität: 40 Schlafplätze
Bewirtschaftet: Mitte Juni–Mitte Oktober
Winterraum: ja, mit Schlüssel
Telefon: 347/261 48 72

Höhe: Payerhütte, 3029 m
Besitzer: Autonome Provinz Südtirol, erbaut 1875
Kapazität: 80 Schlafplätze
Bewirtschaftet: Anfang Juli–Mitte/Ende September
Winterraum: ja, offen
Telefon: 0473/61 30 10

ÜBERGÄNGE
Hintergrathütte (2661 m), 2 ¾ Std.

GIPFELTOUREN
Ortler (3905 m), Hochtour (kombiniert, bis II), 3 bis 4 Std. ab Payerhütte

Am Weg von Sulden zur Tabarettahütte; im Hintergrund die Vertainspitze

Hoch oben am Tabarettakamm, die geballten Fels- und Eismassen des Ort-lers im Rücken, steht die Payerhütte in ungemein spektakulärer Position. Der Blick aus 3000 Meter Höhe reicht weit über den Vinschgau hinaus bis in Nordtiroler und Schweizer Gefilde. Bei guten Bedingungen streben schwer bepackte Hochalpinisten stets in großer Zahl hinauf. Auch der Ver-fasser konnte dem Lockruf des Ortlers schon mehrmals nicht widerstehen, verbrachte die Nacht in der Payerhütte und fand sich anderntags frohlo-ckend am höchsten Punkt wieder. Was für ein Berg, und welch Erlebnis! Der Urbau der Payerhütte erfolgte 1875, nachdem sich der von Engländern eröffnete Nordanstieg als günstigste Route zum Ortler durchgesetzt hatte (bereits im Jahr 1804 waren die verwegenen Erstbesteiger unter der Führung von Josef Pichler noch durch die wilden »Hinteren Wandlen« auf der Süd-westseite des Berges gipfelwärts geklettert). In privaten Initiativen ent-standen später entlang der Zugangswege von Trafoi und Sulden weitere Zwischenstationen. Unter anderem waren dies die Alpenrose- und Edel-weißhütte, beide aufgegeben und verfallen, nachdem die Trafoier Route zugunsten der Suldener immer mehr vernachlässigt worden war. Dagegen erfreut sich die auf Suldener Seite erbaute Tabarettahütte regen Zuspruchs. Viele Wanderer genießen den prickelnden Schauder eines Blickes in die Ortler-Nordwand aus nicht allzu großer, aber doch sicherer Distanz – ein Hochgebirgsbild, das einer gewissen Dramatik nicht entbehrt. Wer etwas tüchtiger ist, wird sich aber auch den Anstieg via Bärenkopfscharte bis zur Payerhütte nicht entgehen lassen, denn spannender kann ein Hüttenaufstieg eigentlich kaum sein. Auf die nagelneue Verbindung über den extrem schwierigen Klettersteig durch die Tabarettawände soll hier nur ein Hin-weis am Rande gegeben werden, denn solcherlei hat mit Wandern nicht im Entferntesten zu tun.

Vom Langenstein-Lift oder von Sulden Im Grunde kann man es sich bequem machen und den unteren Sockel des Berges mit Lifthilfe überwinden. Von

VON TRAFOI
Obgleich die weitaus meisten Besucher die Payerhütte von Sulden her erreichen, ist natürlich auch ein Anstieg von Trafoier Seite mög-lich. Das Pensum beträgt hier freilich volle 1500 Höhenmeter und mehr als vier Stunden nur für das Bergauf. Wer dabei nicht diszipli-niert zu Wege ist, kann leicht den Eindruck bekommen, als wollten die Berglehnen überhaupt kein Ende nehmen. Doch irgendwann hat man die Ruinen der Alpenrosehütte (2029 m) und Edelweißhütte (2481 m) weit unter sich gelassen und erreicht die Grathöhe bei der Tabarettascharte, nur noch 20 Minuten vom Ziel entfernt. Talwärts kann man eine Überschreitung nach Sulden erwägen (falls die Lo-gistik mit öffentlichen Verkehrsmitteln geklärt ist) oder die Trafoier Variante über die kleine, am Ansatz des Pleißhorngrates klebende Berglhütte (2188 m, bewirtschaftet Mitte Juni–Mitte September, Tel. 338/387 73 44) unter die Sohlen nehmen. Dabei passiert man zuvor die Schwelle der Tabarettakugel und kommt später im Trafoier Tal-schluss beim Quellheiligtum der Heiligen Drei Brunnen heraus.

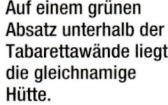

Auf einem grünen Absatz unterhalb der Tabarettawände liegt die gleichnamige Hütte.

der Bergstation am Langenstein quert man dann mit möglichst wenig Höhenverlust den Kessel unterhalb des Marltferners und trifft im Bereich der Marltmoränen auf den Weg von Sulden (Nr. 4), den ich persönlich noch immer bevorzugt habe. Einfach wunderbar, wenn man frühmorgens unten bei St. Gertraud aufbricht, den würzigen Duft des Bergwaldes inhaliert, währenddessen die gutmütigen Kehren abschreitet und sich langsam und stilvoll dem König aller Südtiroler Berge nähert. Nachdem die Marltmoränen kurvenreich passiert sind, steht ein Zickzackkurs an steilem Grashang bevor, ehe die schön auf einer Kanzel gelegene Tabarettahütte erreicht ist. Ein prächtiger Blick über das Suldental auf die Gruppe der Vertainspitze verwöhnt das Auge, nebenan dräut der Eisschlauch der Ortler-Nordwand. Hier auf knapp halber Höhe begreift man erst so richtig die Dimensionen des Berges.

Der Weiterweg zieht am Fuß der Tabarettawände leicht aufwärts, bis sich links eine Art Geröllcouloir auftut, das den Durchstieg zur Bärenkopfscharte (2871 m) vermittelt. Die steile, mürbe Passage dort hinauf ist meist die kritischste der Tour – insbesondere sei man wegen Steinschlag auf der Hut, wenn viele

Leute unterwegs sind. Ab der Bärenkopfscharte erwartet uns das grandiose Finale auf der Höhe des Tabarettakamms, allenfalls wenige Meter rechts auf die Westseite ausweichend, wo einige gesicherte Bänder bis zur schwachen Einsenkung der Tabarettascharte (2903 m) besseres Vorankommen ermöglichen. Das gewaltige Gletscherpult des Ortlers gleißt im Gegenlicht, davor erkennen wir den dunklen Würfel der Payerhütte, die sich bei unserer Ankunft schließlich als stattlicher dreistöckiger Steinbau entpuppt. Gleichwohl herrscht hier zuweilen drangvolle Enge, wenn gar zu viele gleichzeitig den Ortler aufs Programm gesetzt haben.

Dem Ortler aufs königliche Haupt Ein Hüttenwanderbuch wie dieses ist verständlicherweise nicht dafür gedacht, solch anspruchsvolle Gipfelrouten wie auf den Ortler ausführlich vorzustellen. Es sollen aber einige Hinweise gegeben werden: Oberhalb der Hütte kommt die Route rasch zur Sache, im Felsteil des unteren Anstiegsdrittels muss teilweise ordentlich hingelangt werden, in der Schlüsselpassage am Tschirfeckwandl auch mit Unterstützung fix angebrachter Ketten. Aus der séracbedrohten Gletschermulde

des Bärenlochs heraus hat sich in den letzten Jahren durch Ausaperung eine weitere knifflige Kletterstelle ergeben (Abseilstelle für den Abstieg). Anschließend ist man bis dato nur mehr im Eis unterwegs, zunächst steiler bis aufs

Obere Ortlerplatt und von dort feierlichen Schrittes ohne größere Hürden bis zum Gipfel, dem »höchsten Spiz im ganzen Tyrol«, wie schon Peter Anich in seinem Atlas Tyrolensis von 1774 festgehalten hat.

Die Payerhütte wurde 1875 auf aussichtsreichem Felsgrat errichtet.

Mit seiner schillernden Eiskappe und alles überragenden Höhe ist der Ortler der Herrscher Tirols.

6 HINTERGRATHÜTTE
Im Herzen der Suldener Hochgebirgswelt

mittel · 3 ½ Std. · 370 Hm · 8 km

AUSGANGSPUNKT
Talstation des Langenstein-Lifts in Sulden (1844 m), Bergstation auf 2330 m; Zufahrt von Gomagoi an der Stilfser-Joch-Straße, Bus von Spondinig.

GEHZEITEN
Aufstieg vom Langenstein-Lift 1 ½ Std., Abstieg via Ertlweg 2 Std.

AUFSTIEGSMETER
Ab Langenstein-Lift 370 Hm, Talabstieg 820 Hm.

ANFORDERUNGEN
Etwas Trittsicherheit an abschüssigen Passagen notwendig (einzelne Sicherungen), ansonsten unschwierige Bergwege. Mit Liftunterstützung konditionell sehr maßvoll.

KARTE
Tabacco, 1:25 000, Blatt 08 »Ortlergebiet«.

TOURISMUSINFORMATION
Ferienregion Ortlergebiet, I-39029 Sulden, Tel. 0473/61 30 15.

HÜTTENSTECKBRIEF
Höhe: Hintergrathütte, 2661 m
Besitzer: Suldener Bergführergesellschaft, erbaut 1922
Kapazität: 65 Schlafplätze
Bewirtschaftet: Mitte Juni–Ende September
Winterraum: ja, mit Schlüssel
Telefon: 0473/61 31 88

ÜBERGÄNGE
Schaubachhütte (2581 m), schuttbedecktes Gletscherterrain, 2 Std.; Tabarettahütte (2556 m), 2 ½ Std.

GIPFELTOUREN
Ortler (3905 m) über Hintergrat, sehr anspruchsvolle Hochtour (kombiniert, im Fels bis III+), 5 Std.; Königsspitze (3851 m) über Suldengrat, noch schwieriger (kombiniert, bis IV), 6 bis 7 Std.

Im Moränenvorfeld des schuttgepanzerten Suldenferners gelegen, schon auf Tuchfühlung zur eisigen Nordwand der Königsspitze und den langen Gratarmen des Ortlers, kommt der Hintergrathütte ein besonderer Stellenwert zu. Natürlich ist sie ein beliebtes, zumal leicht erreichbares Wanderziel vom Langenstein-Lift sowie der Mittelstation der Suldener Bergbahn aus, doch ihre eigentliche Bestimmung ist eine andere: Bergsteiger mit höchsten Ansprüchen quartieren sich hier ein, um noch zu nachtschlafender Zeit in die Dunkelheit hinauszustolpern und einen der Giganten ringsum fest ins Visier zu nehmen. Für den langen, anspruchsvollen Ortler-Hintergrat sowie die noch grimmigeren Anstiege auf die Königsspitze ist die Hütte ein unverzichtbares Basislager.

Bereits 1892 wurde in der Nähe eine kleine, unbewirtschaftete Unterkunft errichtet, benannt nach dem Initiator und Mäzen Karl Bäckmann, selbst ein guter Bergsteiger und häufiger Gast der Region, der sie dem Suldener Bergführerverein übereignete. Eine italienische Granate im Kriegsjahr 1915 verschaffte ihr ein jähes Ende. Doch schon wenige Jahre nach dem Krieg schufen die Bergführer mit der Hintergrathütte einen größeren Ersatzbau, der für den normalen Wanderer von heute ein ideales Ziel ist, um sich von den gewaltigsten Bergen Südtirols einmal hautnah in Bann schlagen zu lassen.

Rundwanderung vom Langenstein-Lift Zwei verschiedene Zugänge zur Hintergrathütte lassen sich gut zu einer Runde kombinieren. Wer den Tag ordentlich füllen möchte, kann den Sessellift hinauf zur K2-Hütte (2330 m) am Langenstein auch sausen lassen und zu Fuß durch den Bergwald aufsteigen. Das Intermezzo über die planierten Moränen des End-der-Welt-Ferners offenbart sich als trostloses Kapitel Suldener Erschließungsgeschichte, doch mit der Fortsetzung über den Morosiniweg (Nr. 3) hinauf zu einem Gratabsenker und quer durch die steile Flanke des Hintergratkopfes sind wir vollauf zufrieden. An ausgesetzten Stellen beruhigen angebrachte Sicherungen schwächere Gemüter. Schon nach 1 ½ Stunden laufen wir hinter einer Geländekante bei der Hintergrathütte ein und werden sicherlich noch ein wenig das Umfeld mit dem nahen Hintergratsee und dem Moränenwall zum Suldenferner erkunden. Kaum vorstellbar,

Formvollendet erhebt sich die Königsspitze über dem Tal von Sulden.

Die Hintergrathütte
im Bannkreis des
Suldenferners

dass dieser um die Mitte des 19. Jahrhunderts fast bis in den Talort hinunterreichte und dort die zuhinterst gelegenen Gampenhöfe bedrohte. Das war während der »Kleinen Eiszeit«, der letzten markanteren Kältephase in der jüngeren Klimageschichte.

Das vom Gletscher seither freigelegte Gelände können wir beim Abstieg über den Ertlweg in Augenschein nehmen. Mit Bezeichnung 2 wandern wir südwärts an einem kleinen Seeauge vorbei (hier stand die alte Bäckmannhütte) und drehen dann scharf links über eine Bergkante hinweg in steilere Hänge ab. Je nach Belieben lässt sich bald zur Mittelstation der Suldener Seilbahn hinüberqueren, doch erscheint die Vollendung der Runde über den Wanderpfad 2a zweifellos reizvoller. In Nähe des Suldenbachs über eine weitere Steilstufe tiefer und hinaus Richtung Siedlungsgebiet. Zuletzt führt ein schöner Spaziergang links am Waldrand zurück zur Talstation des Langenstein-Lifts.

Am Suldener Höhenweg Da die umliegenden Gipfel – bis auf die Rückfallkuppe des Hintergratkopfes (2813 m) vielleicht – für Wanderer bei Weitem zu große Kaliber sind, beschränken sich ihre weiteren Möglichkeiten auf die Übergänge zu den Nachbarhütten. Klassisch zu nennen ist der Suldener Höhenweg Richtung Tabarettahütte, also die Fortsetzung der Route vom Langenstein-Lift in die entgegengesetzte Richtung: ein Schaugenuss vom Feinsten. Dagegen ist die Verbindung zur Schaubachhütte zwar landschaftlich ebenfalls eindrucksvoll,

jedoch mit Vorsicht zu genießen, zumal die in manchen Karten eingetragene Route über den Suldenferner nur eine grobe Leitlinie darstellt. Man bewegt sich dort über fast vollkommen schuttbedecktes Eis (sicherheitshalber unbedingt Steigeisen mitführen) und muss durchaus Orientierungsvermögen beweisen, um in den Gletscherwellen nicht fehlzulaufen. Bei schlechter Sicht ist dieses Vorhaben absolut tabu.

7 ZUFALLHÜTTE, MARTELLER HÜTTE
Im innersten Martelltal

🔵 🕐 2 ¾ Std. ⛰ 560 Hm 🏃 6 km 🚌 ☺

leicht   2 ¾ Std.   560 Hm   6 km

AUSGANGSPUNKT
Enzianhütte (2051 m), am Endpunkt der Straße ins Martelltal; Bus von Schlanders.

GEHZEITEN
Aufstieg 1 ¾ Std., Abstieg 1 Std.

AUFSTIEGSMETER
Bis Zufallhütte 210 Hm, bis Marteller Hütte 560 Hm.

ANFORDERUNGEN
Leichte Bergwanderwege, bis Zufallhütte gar nur Spazierwegcharakter, zur Marteller Hütte am Schluss etwas steiler.

KARTE
Tabacco, 1:25 000, Blatt 045 »Latsch – Martell – Schlanders«.

TOURISMUSINFORMATION
Tourismusverein Latsch-Martell, I-39021 Latsch, Tel. 0473/62 31 09.

HÜTTENSTECKBRIEF
Höhe: Zufallhütte, 2265 m
Besitzer: Autonome Provinz Südtirol, erbaut 1882
Kapazität: 80 Schlafplätze
Bewirtschaftet: Anfang März–Ende Oktober
Winterraum: nein
Telefon: 0473/74 47 85

Höhe: Marteller Hütte, 2610 m
Besitzer: AVS Sektion Martell, erbaut 1981
Kapazität: 37 Schlafplätze
Bewirtschaftet: Mitte Juni–Mitte Oktober, Anfang März–Anfang Mai
Winterraum: ja, offen
Telefon: 0473/74 47 90

ÜBERGÄNGE
Schaubachhütte (2581 m) über Madritschjoch, 3 ½ Std.; Rifugio Larcher (2608 m) über Fürkelescharte, vergletschert, 2 ½ Std.

GIPFELTOUREN
Hintere Schöntaufspitze (3325 m), 3 Std. ab Zufallhütte; Vordere Rotspitze (3033 m), 2 Std.; Köllkuppe (3330 m) und Veneziaspitzen (3386 m), Gletschertour, 2 bis 3 Std.; Zufallspitze (3757 m), kombiniert, 4 Std.

»Paradies am Cevedale« heißt eine Gegend im innersten Martelltal, das von Morter im mittleren Vinschgau weit bis ins Herz der Ortler-Alpen vordringt. Der Tourismus hat sich hier vorwiegend auf Wanderer und Bergsteiger eingerichtet, während die härtere Variante des alpinen Pistenrummels in dieser sympathischen Südtiroler Talschaft bislang weitgehend außen vor geblieben ist. Unsere beiden Hütten im Talschluss erschließen ein Stück vom Paradies und geben darüber hinaus Beispiele für ganz unterschiedliche Generationen von Schutzhäusern. Das untere, die Zufallhütte, wurde in der klassischen Erschließerzeit errichtet, und zwar im Jahr 1882 von Dresdner Alpenvereinsleuten, die es später nach dem Ersten Weltkrieg ganz besonders hart traf, mussten sie doch gleich vier südlich des Alpenhauptkamms gelegene Hütten entschädigungslos abtreten (unter anderem auch die Schlüterhütte in Villnöss). Nur eine einzige im Stubaital blieb ihnen noch erhalten. Wie üblich erfanden die neuen Besitzersektionen des CAI eigene Namen (Rifugio Nino Corsi für die Zufallhütte), doch ist bei den deutschsprachigen Bergfreunden stets die althergebrachte Anrede üblich geblieben. Mit dem Bau der Marteller Fahrstraße bis auf eine Höhe von gut 2000 Metern ist die Wanderung zur Zufallhütte quasi zu einem Kurzausflug reduziert, doch enthebt sie dies durchaus nicht von ihrer Funktion als Stützpunkt für größere Touren im Umkreis. Vor allem bei Skitourengehern ist sie hoch geschätzt.

Eine Gehstunde weiter oben steht seit 1981, also fast exakt ein Jahrhundert nach Einweihung der Zufallhütte, ein kleineres Refugium: die Marteller

Hütte des Südtiroler Alpenvereins. Mit ihrer Lage unweit der malerischen Konzenlacke, dem Blick auf den Firngiebel der Zufallspitze und zur markanten Königsspitze, die gerade eben über den Eisseepass lugt, sowie nicht zuletzt ihrer heimeligen Atmosphäre vermittelt sie ein besonders attraktives Flair. So wird diese wenig fordernde Tour zu zwei gemütlichen Hütten von allerhand Genüssen begleitet sein, von Gaumenfreuden und landschaftlichen Glanzpunkten sowieso.

Von der Enzianhütte Die großen Parkplätze beim Gasthaus Enzianhütte entlassen das Wandervolk in die alpine Fußgängerzone. Der breite ehemalige Militärweg führt uns über den Madritschbach und dann in einem nach links ausholenden Bogen zum Plateau, auf dem die Zufallhütte steht. Ihr Name rührt übrigens vom nahen Wasserfall her und wird deswegen unbedingt auf der zweiten Silbe betont. Mit Bezeichnung 150 geht es vorerst noch ein Stück weiter, bis nach einigen kleineren Stufen am

Seit über 125 Jahren empfängt die Zufallhütte im hinteren Martelltal ihre Gäste.

Schon im 19. Jahrhundert wurde die Plima mit einer Natursteinmauer gebändigt. Hinten die Zufallspitze als höchster Marteller Gipfel.

Über die Konzenlacke hinweg erblicken wir die Königsspitze.

unteren Ende der sogenannten »Kachl« ein eigentümliches Bauwerk auffällt. Es ist eine aus Natursteinen gefügte Staumauer, die seit dem Jahr 1893 die Plima gefügig machen respektive ihren Abfluss regulieren sollte. Der Talfluss Martells hatte nämlich wiederholt verheerende Flutkatastrophen bis in den Vinschgau hinaus angerichtet, meistens ausgelöst durch Ausbruch eines Gletschersees am Zusammenfluss von Langen- und Zufallferner. Wir überschreiten die Mauer auf die linke Seite der Plima und folgen der Markierung 103. Weitere kleinere Seitenbäche sind zu traversieren, ehe der Weg in den Flanken zur Linken über die letzten knapp 300 Höhenmeter kräftiger ansteigen muss. An der Geländeschwelle, auf der die Marteller Hütte steht, überrascht uns plötzlich die Konzenlacke, von der wir uns ebenso angezogen fühlen wie von einem frischen »Forst« und einer deftigen Marende in der Stube.

Für den Rückweg bietet sich eine Alternative an, indem man beim »Bau« (so wird die Plimamauer kurz genannt) rechts davon bleibt und mit den Wegnummern 40 und 37 durchs

lärchenbestandene »Paradies« schlendert. Die Zufallhütte wird dabei nicht mehr berührt, dafür aber die (negativ) auffallende Ruine des ehemaligen Luxushotels »Paradiso«, das so gar nicht zum Martelltal zu passen scheint. Doch Sündenfälle gibt's wohl überall ...

Dreitausenderparade im Talschluss Gipfelstürmer finden im Einzugsgebiet unserer beiden Hütten ein ergiebiges Angebot, das vor allem stattliche, zumeist auch vergletscherte Dreitausenderhöhen aufweist. Wer also beispielsweise die Veneziaspitzen besteigen oder samt ihren Nebengipfeln gar überschreiten will (das kann ein halbes Dutzend in einem Zug werden!), braucht schon gewisse Hochtourenerfahrung. Das Gleiche gilt für Martells höchsten Gipfel, die Hintere Zufallspitze, die über einen elegant geschwungenen Firngrat mit dem Cevedale zusammenhängt: ein echtes Gustostückerl. Als Hausberg der Marteller Hütte darf die mit einem bezeichneten Felssteig erschlossene Vordere Rotspitze gelten. Der klassische Wanderdreitausender der Ortlergruppe – wesentlich häufiger von Sulden, aber landschaftlich

schöner und ungetrübter aus dem Martelltal bestiegen – ist freilich die Hintere Schöntaufspitze (3325 m). Dafür durchmisst man von der Zufallhütte zunächst das Madritschtal in seiner ganzen Länge, steigt dann zum gleichnamigen Joch an und packt den Gipfel zuletzt über den bei aperen Verhältnissen harmlosen Südrücken. Das Panorama dort oben hat noch jeden begeistert!

Der Alpenverein Südtirol baute die Marteller Hütte direkt neben der Konzenlacke.

ZUM RIFUGIO CASATI

Ganz knapp jenseits der Südtiroler Grenze steht am Langenferner Joch das Rifugio Casati (3254 m), Hauptstützpunkt für den formschönen, viel bestiegenen Cevedale. Der übliche Zustieg erfolgt aus dem Valle dei Forni über das Rifugio Pizzini, auf zuletzt anstrengender, aber gänzlich eisfreier Route. Wer hingegen oberhalb der Zufallhütte dem Weg Nr. 150 taleinwärts folgt, landet zunächst auf der Seitenmoräne des Langenferners und betritt diesen schließlich selbst, um am Eisseepass vorbei mit einer südwärts gerichteten Traverse die Casatihütte anzusteuern (insgesamt 4 Std. ab Parkplatz). Um Haaresbreite wäre sie das höchste Haus Südtirols, doch die Grenzziehung weist sie schon der Lombardei zu.

8 HÖCHSTER HÜTTE
Am Grünsee im Ultener Talschluss

leicht 4 ½ Std. 690 Hm 7 km

AUSGANGSPUNKT
Weißbrunnsee (1872 m), am Endpunkt der Straße von Lana ins Ultental; Bus nur bis St. Gertraud.

GEHZEITEN
Aufstieg 2 Std., Abstieg via Langsee 2 ½ Std., direkt 1 ¼ Std.

AUFSTIEGSMETER
Ab Weißbrunnsee 690 Hm.

ANFORDERUNGEN
Leichter, gut ausgebauter Bergwanderweg ohne allzu steile Passagen; mit elementarer Trittsicherheit problemlos.

KARTE
Tabacco, 1:25 000, Blatt 042 »Ultental« oder 045 »Latsch – Martell – Schlanders«.

TOURISMUSINFORMATION
Tourismusverein Ultental, I-39016 St. Walburg, Tel. 0473/79 53 87.

HÜTTENSTECKBRIEF
Höhe: Höchster Hütte, 2561 m
Besitzer: CAI Sektion Milano, erbaut 1976
Kapazität: 50 Schlafplätze
Bewirtschaftet: Mitte Juni–Ende Oktober, Anfang Februar–Ende April
Winterraum: ja, mit Schlüssel
Telefon: 0473/79 81 20

ÜBERGÄNGE
Haselgruber Hütte (2425 m) über Kirchbergjoch, 3 Std.; Rifugio Dorigoni (2437 m) über Schwärzerjoch, 4 Std.; ins Martelltal, hochalpine Tour (in Verbindung mit der Zufrittspitze), ca. 6 Std. bis zum Zufrittsee.

GIPFELTOUREN
Zufrittspitze (3439 m), Stellen I–II, manchmal Firn, 3 Std.; Hintere Eggenspitze (3443 m), leichte Gletschertour mit Stellen I, 3 Std.

Es ist schon ein bemerkenswerter landschaftlicher Wandel, den wir erleben, wenn wir aus dem von Rebhängen und Obstplantagen bestimmten Etschtal bei Lana bis ins hinterste Ultental vordringen und weiter zur Höchster Hütte aufsteigen. Dort regieren eine hochalpine Szenerie aus Fels und Eis und ein bisschen leider auch die ENEL, die als Energiegesellschaft Ultens Wasser anzapft, um aus der gewonnenen »weißen Kohle« den Stromhunger der norditalienischen Industrie zu stillen. So hat seinerzeit nicht nur die bäuerliche Talbevölkerung hier und da wertvollen Heimatboden verloren, sondern auch der Alpenverein die Vorgängerin der Höchster Hütte, die 1910 von der gleichnamigen Sektion des Deutschen und Oesterreichischen Alpenvereins eröffnet wurde. Sie versank in den Fluten des aufgestauten Grünsees, der die große Hochtalmulde am Fuße der vergletscherten Eggenspitzen ausfüllt. Immerhin sorgte die ENEL in den Siebzigerjahren für einen Ersatzbau, sodass Wanderer und Bergsteiger für Touren zu den benachbarten Hütten und den umliegenden Dreitausendern weiter gut bedient sind.

Von See zu See Nicht nur unser Hüttenziel, sondern auch der Startpunkt befindet sich an einem Stausee. Wir folgen dort dem Weg Nr. 140 an einer Jausenstation vorbei und gewinnen im Bergwald, später im freien Gelände an Höhe. Allmählich dreht man rechts ein und vollzieht im Angesicht der Grünsee-Staumauer etliche Kehren, bis wir uns ungefähr auf Augenhöhe mit der Dammkrone befinden. Nun ist es nicht mehr weit zur Höchster Hütte, die direkt am Uferhang mit schönem Blick zu den Eggenspitzen steht.

Um die Wanderung noch etwas auszuweiten, kann man sich für die große Schleife durchs Gebiet der Weißbrunnalmen entscheiden. Dafür wird mit Nr. 12 zunächst die Staumauer überschritten und anschließend südwärts in leichtem Gefälle Richtung Langsee gewandert. Bei einer Wegkreuzung

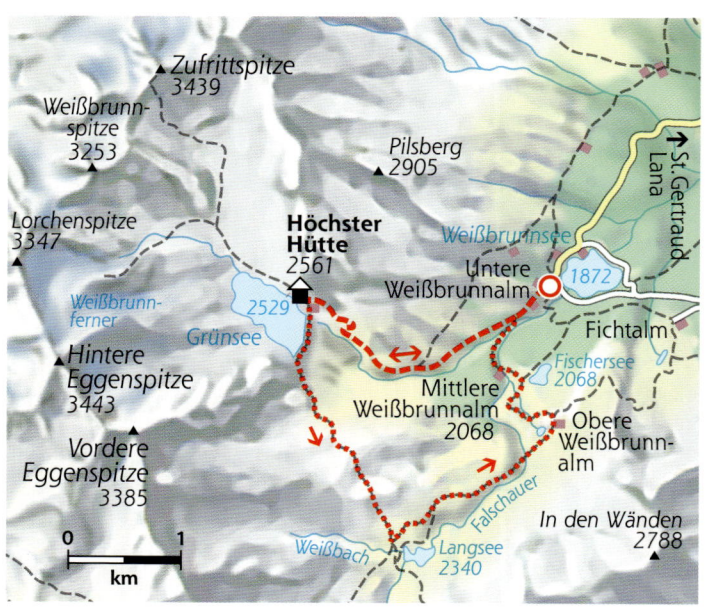

halten wir uns links (geradeaus der Übergang zur Haselgruber Hütte, rechts hingegen zum Rifugio Dorigoni) und durchstreifen das wellige Hochweidengelände Richtung Obere Weißbrunnalm (Bezeichnung 107). Von dort geht es deutlicher bergab, wobei noch ein kurzer Abstecher zum Fischersee eingeflochten werden kann. Jenseits der Falschauer treffen wir wieder auf den Hüttenweg.

Hochtouren im Talschluss Vordere und Hintere Eggenspitze, Lorchenspitze, Weißbrunnspitze sowie Zufrittspitze – das ist der Kranz der Dreitausender, der sich über der Höchster Hütte erhebt. Für erfahrene Bergsteiger sind diese Gipfel nicht übermäßig schwierig, ihr Hochtourencharakter darf freilich nicht übersehen werden. Nahezu eisfrei, aber nicht eben arm an Mühen lässt sich das markante Horn der Zufrittspitze (3439 m) bezwingen. Durch das steinige Hochkar hinauf zum Sattel unter dem Gipfelaufbau wird es zunehmend beschwerlich, bevor am Ende noch eine Klettereinlage wartet. Felsschwierigkeiten sind an der Hinteren Eggenspitze (3443 m), dem höchsten Ultener Gipfel, fast zu vernachlässigen. Allerdings muss man dort ausrüstungstechnisch für einen Gletscher (Weißbrunnferner) gewappnet sein,

trotz relativ geringer Spaltengefahr und Eisneigung. Faszinierend sind die Gipfelblicke über die Südtiroler und Trentiner Bergwelt, vom Alpenhauptkamm bis weit in den Süden.

Die Höchster Hütte am aufgestauten Grünsee

Der Ultener Talschluss ist ein prima Wanderrevier.

37

9 SCHÖNE-AUSSICHT-HÜTTE
Am Hochjoch über dem hinteren Schnalstal

leicht 4 Std. 830 Hm 8 km

AUSGANGSPUNKT
Kurzras (2011 m), am Ende der Straße ins Schnalstal; Busverbindung von Naturns.

GEHZEITEN
Aufstieg 2 ½ Std., Abstieg 1 ½ Std.

AUFSTIEGSMETER
Ab Kurzras 830 Hm.

ANFORDERUNGEN
Unschwieriger Hüttenweg von mittlerer Länge, für leidlich Trittsichere mit solider Ausdauer problemlos.

KARTE
Tabacco, 1:25 000, Blatt 04 »Schnalstal«.

TOURISMUSINFORMATION
Tourismusverein Schnalstal, I-39020 Karthaus, Tel. 0473/67 91 48.

HÜTTENSTECKBRIEF
Höhe: Schöne-Aussicht-Hütte, 2842 m
Besitzer: privat, erbaut 1896
Kapazität: 60 Schlafplätze
Bewirtschaftet: Ende Juni–Anfang Oktober, Anfang November–Mitte Mai
Winterraum: ja, mit Schlüssel
Telefon: 0473/66 21 40

ÜBERGÄNGE
Hochjochhospiz (2412 m), 2 ½ Std.; Similaunhütte (3019 m), vergletschert, 3 ½ Std.; Oberetteshütte (2677 m), vergletschert, 5 ½ Std.; Weißkugelhütte (2542 m), vergletschert, 6 Std.

GIPFELTOUREN
Im Hintern Eis (3269 m), 1 ¼ Std.; Weißkugel (3738 m), Gletschertour, 4 ½ Std.

Im Schnalstal ist die touristische Entwicklung untrennbar mit dem Namen Gurschler verknüpft. Bereits Ende des 19. Jahrhunderts erkannte der Kurzhofbauer Serafin Gurschler die Zeichen der Zeit, sprich des aufkeimenden Bergtourismus, und errichtete an den beiden wichtigen hochalpinen Übergängen, die das Schnalstal mit dem inneren Ötztal verbinden, zwei wertvolle Schutzhütten: die »Schöne Aussicht« am Hochjoch sowie die Similaunhütte am (höheren!) Niederjoch. Bis heute stellen sich diese Häuser in den Dienst der Bergsteiger. Größere Projekte hatte später Serafins Urenkel Leo Gurschler im Sinn und verwirklichte sie teilweise auch. So entstand im Zeichen des »Fortschritts« – oder was manche dafür halten – beispielsweise die Schnalstaler Gletscherbahn, und Kurzras mutierte zum touristischen Rummelplatz. 1983 schied Leo Gurschler, der in seinen Heimatbergen buchstäblich so viel in Bewegung gesetzt hatte, freiwillig aus dem Leben, nachdem er den nach Fehlspekulationen aufgetürmten Schuldenberg nicht mehr zu bewältigen glaubte.

Vom Hoteldorf Kurzras Im Abstieg von der Schnalstaler Gletscherbahn (Bergstation auf der Grawand, 3212 m) ist unsere Hütte binnen einer Stunde zu erreichen. Aber dieser Stil wird nicht im Sinne der meisten Wanderfreunde sein. Deshalb starten wir in Kurzras, einst abgeschiedenes Bauernnest mit Höfen, die zu den höchstgelegenen des Landes zählten, heute eine Hotelsiedlung mit unschönen Zweckbauten. Gewiss nicht der anheimelndste Fleck in Südtirol. Wir verlieren keine Zeit, lassen die Seilbahn unbeachtet und streben bergwärts. Im Oberbergtal lautet die Grundrichtung Nord. Die Landschaft ist typisch für die unmittelbare Südabdachung des Alpenhauptkamms, an der wir uns hier befinden. Wir passieren die Verflachung bei Stueteben und eine halbe Stunde später die Abzweigung zur Weißkugel. In diesem Bereich schwenkt der mit Steinplatten gut ausgebaute Weg nach Osten und gewinnt die Anhöhe mit dem Gasthaus Schöne Aussicht. Der Name ist hier tatsächlich Programm, sieht man einmal über die Wunden, die das nahe Gletscherskigebiet aufgerissen hat, hinweg. Skurril könnte die Begegnung echter Bergfexe, die sich womöglich die Weißkugel zum

An der Grathöhe »Im Hintern Eis« fangen wir großartige Eindrücke von der Gletscherwelt des Alpenhauptkammes ein.

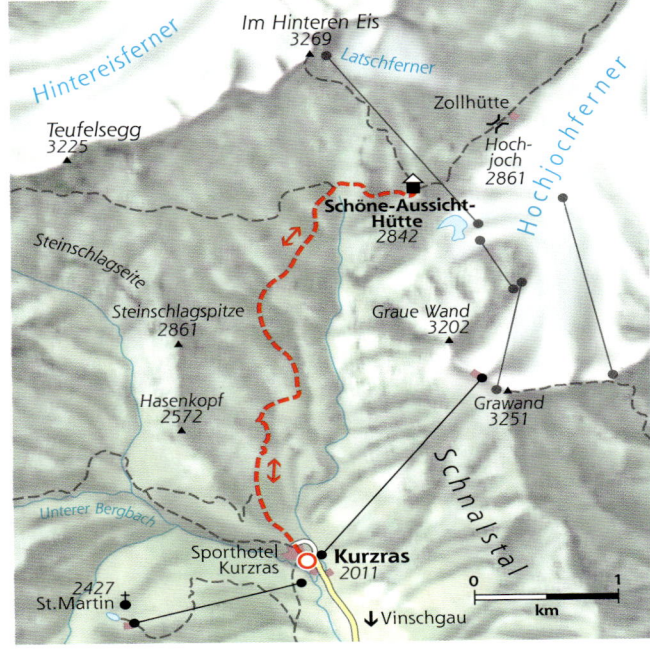

Ziel gesetzt haben, mit den gänzlich anders gearteten Pistenfreaks werden, die von ihrer Leidenschaft selbst in der warmen Jahreszeit nicht lassen können. Dies freilich nur, falls die Natur nicht Grenzen setzt und den Firn auf dem Hochjochferner in einen sulzigen Sumpf verwandelt.

Zum Prachtblick auf den Hintereisferner Um einen Blick in eine der prächtigsten Eiskammern der Ötztaler Alpen zu werfen, genügt ab Hütte ein zusätzlicher Aufstieg von gut einer Stunde. »Im Hintern Eis« heißt die an und für sich unbedeutende Graterhebung, die auf einem mit Farbmarkierungen und Steinmännchen signalisierten Steig über Schrofen und Blockschutt leicht zu erreichen ist. Dort oben steht man an der Abbruchkante zum Hintereisferner, der sich ausgehend von der majestätischen Weißkugel über sieben Kilometer lang durch seinen Taltrog wälzt. Von der beherrschenden Weißkugel zieht sich im Übrigen der weithin gletscherummantelte Weißkamm nach Nordosten Richtung Wildspitze – ein Bild für die Götter! Diesen »Gornergrat der Ötztaler Alpen« zu besuchen, ist eigentlich ein Pflichtprogramm, und das Schlagwort »Schöne Aussicht« bekommt dadurch noch eine ganz andere Dimension ...

Ende des 19. Jahrhunderts wurde am Hochjoch die Hütte eröffnet.

10 SIMILAUNHÜTTE
Auf den Spuren »Ötzis«

mittel · 6 Std. · 1310 Hm · 10 km

AUSGANGSPUNKT
Vernagt (1711 m), Weiler am gleichnamigen Stausee im Schnalstal; Busverbindung von Naturns.

GEHZEITEN
Aufstieg 3 ½ Std., Abstieg 2 ½ Std.

AUFSTIEGSMETER
Ab Vernagt 1310 Hm.

ANFORDERUNGEN
Langer, anstrengender Anstieg bis zur Dreitausendmetermarke, im oberen Teil phasenweise abschüssig. Daher Trittsicherheit und gute Ausdauer erforderlich.

KARTE
Tabacco, 1:25 000, Blatt 04 »Schnalstal«.

TOURISMUSINFORMATION
Tourismusverein Schnalstal, I-39020 Karthaus, Tel. 0473/67 91 48.

HÜTTENSTECKBRIEF
Höhe: Similaunhütte, 3019 m
Besitzer: privat, erbaut 1893
Kapazität: 70 Schlafplätze
Bewirtschaftet: Mitte Juni–Anfang Oktober, Ende Februar–Ende Mai
Winterraum: nein
Telefon: 0473/66 97 11

ÜBERGÄNGE
Martin-Busch-Hütte (2501 m), 1 ½ Std.; Schöne-Aussicht-Hütte (2842 m) bzw. Hochjochhospiz (2412 m) über Ötzi-Fundstelle und Hauslabjoch, vergletschert, 3–4 Std.

GIPFELTOUREN
Similaun (3597 m), Gletschertour, 2 Std.; Fineilspitze (3514 m), kombinierte Hochtour bis I+, 2 ½ Std.

Rechte Seite:
Ötztaler Hochgipfel zwischen Similaun (rechts) und Hinterer Schwärze

Die Similaunhütte am 3000 Meter hohen Niederjoch

1893 ließ Serafin Gurschler mitten in Tirol, direkt auf der Höhe des Alpenhauptkamms, die Similaunhütte errichten. Nach einem Vierteljahrhundert kam sie fast genau auf der Grenze zwischen zwei Staaten zu liegen. Wie bei fast allen Hütten in Südtirol haben ihr die politischen Ereignisse stark mitgespielt, doch ist die Similaunhütte letztlich in Privathand geblieben, trotz vorübergehender Beschlagnahmung und Entfremdung für militärische Zwecke. Heute führen sogar Nordtiroler aus Vent am Niederjoch das Regiment, und die politischen Grenzen seitens freiheitsliebender Bergsteiger sind längst wieder zur Marginalie abgestempelt.

Die Similaunhütte, zwischen den wuchtigen Bastionen der Fineilspitze und des Similaun gelegen, war immer ein Stützpunkt für hochalpine Unternehmungen – kein Wunder angesichts ihrer Position. In breiteren Kreisen bekannt wurde sie aber nach dem 19. September 1991, dem Tag der »Ötzi-Entdeckung«. Ein deutsches Ehepaar hatte am Tisenjoch in rund 3200 Meter Höhe eine vollkommen mumifizierte Leiche gefunden, die gerade erst vom Eis freigegeben worden war. Sie sollte sich bald als archäologische Sensation herausstellen, denn das Alter des Gletschermannes wurde von Wissenschaftlern auf unglaubliche 5300 Jahre bestimmt. Inzwischen ist Ötzi die Attraktion des Bozener Archäologiemuseums und die Fundstelle am Tisenjoch eine Art Pilgerziel.

Von Vernagt durchs Tisental Über den altehrwürdigen Tisenhof (1814 m) wandern wir mit Nr. 2 ins Tisental hinein – eine Route, die auch Ötzi seinerzeit beschritten haben dürfte, freilich ohne komfortablen Bergweg, wie wir ihn heute vorfinden. Das einförmige Hochtal zieht sich und wird dabei zusehends karger. Bereits nahe unter dem steilen Felsriegel drehen wir rechts ab und ersteigen zuerst über Geröllfelder, dann über schrofige Bänder und Absätze windungsreich den Sattel des Niederjochs, wo die Similaunhütte ihren Platz hat.

Diesen Weg nehmen jedes Jahr im Juni auch riesige Herden blökender Schafe, wenn sie aus dem Schnalstal auf die fruchtbaren Sommerweiden im hinteren Ötztal getrieben werden – ein archaisch anmutendes Ereignis,

das seine Grundlage in alten, verbrieften Rechten der Schnalser Bauern hat, die auch durch die Staatenteilung nicht erloschen sind. Im September, rechtzeitig vor Wintereinbruch, geht es auf gleiche Weise retour.

Zur Ötzi-Fundstelle Bevor auch wir wieder den Abstieg antreten, können wir einen Abstecher zum Ötzi-Denkmal am Tisenjoch (3210 m) erwägen. Dazu muss man etwas Geländegängigkeit im rauen, eventuell auch mit Eis und Schnee durchsetzten Urgestein beweisen. Die Markierung leitet uns zielsicher zum Denkmal, das 80 Meter entfernt vom genauen Fundort aufgestellt wurde. Eine kleine Felswanne, vor 5300 Jahren mit Schnee angefüllt, hatte verhindert, dass der Leichnam talwärts verschoben und womöglich durch die Kräfte im Gletscher zerrieben wurde. Besonderes ist hier freilich nicht mehr zu sehen, abgesehen vom Rundumblick auf die Hochgipfel der Ötztaler Alpen: unmittelbar über den Köpfen die Fineilspitze, im Osten die Gletscherdome von Similaun und Hinterer Schwärze ...

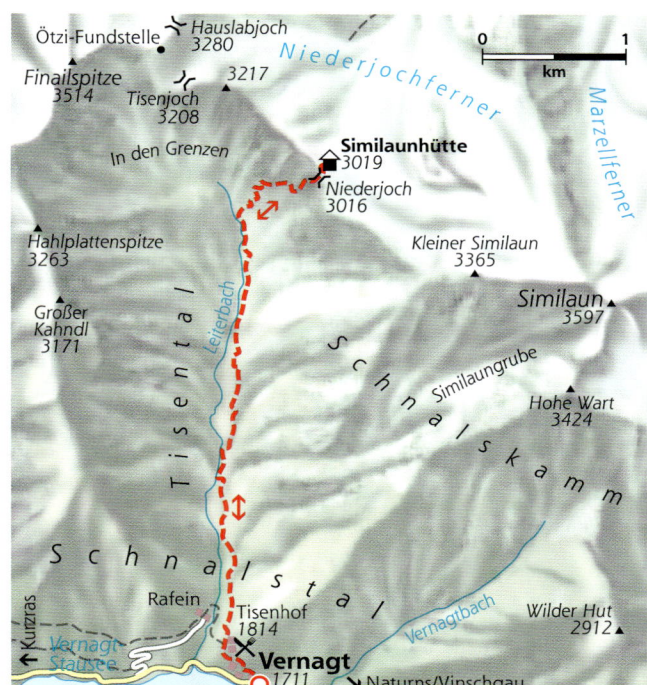

11 LODNERHÜTTE
Im herrlichen Zieltal

mittel | 6 ½ Std. | 1350 Hm | 12 km

AUSGANGSPUNKT
Gasthaus Birkenwald (928 m), oberhalb von Partschins im Vinschgau; mit dem Wanderbus kann bis zum Gasthaus Wasserfall (1073 m) gefahren werden.

GEHZEITEN
Birkenwald – Nassereith-Hütte 1 ½ Std. – Lodnerhütte 2 ½ Std., Abstieg 2 ½ Std.

AUFSTIEGSMETER
Ab Parkplatz 1350 Hm.

ANFORDERUNGEN
Bis zur Nassereith-Hütte kurze, auch für Familien geeignete Wanderung, Richtung Lodnerhütte hingegen langer Anstieg in alpines Gelände, allerdings auf durchgängig gut ausgebautem Weg.

KARTE
Tabacco, 1:25 000, Blatt 011 »Meran und Umgebung«.

TOURISMUSINFORMATION
Tourismusverein, I-39020 Partschins, Tel. 0473/96 71 57.

HÜTTENSTECKBRIEF
Höhe: Lodnerhütte, 2259 m
Besitzer: CAI Sektion Meran, erbaut 1891
Kapazität: 58 Schlafplätze
Bewirtschaftet: Ende Juni–Ende September
Winterraum: ja, offen
Telefon: 0473/96 73 67

ÜBERGÄNGE
Hochganghaus (1839 m) über Franz-Huber-Steig, gesichert, 3 ½ Std.; Stettiner Hütte (2875 m) über Johannesschartl, gesichert, 3 ½ Std.

GIPFELTOUREN
Blasiuszeiger (2837 m), 1 ¾ Std.; Roteck (3337 m), hochalpiner Felssteig mit Stellen I, 3 ½ Std.; Tschigat (2998 m) und Lazinser Rötelspitze (3037 m), leichte Kletterei, jeweils 2 ½ Std.

Im Zieltal rauschen die Wildbäche.

Wer die als »alpine Schatzkammer Merans« gepriesene Texelgruppe kennt, kann nur davon schwärmen. Sie vereint außergewöhnlich vielfältige landschaftliche Elemente und empfiehlt sich als Dorado für Wanderer jeder Couleur. Ein besonders attraktiver Winkel ist das Zieltal, das von Partschins aus über mehrere Steilstufen in den Westteil der Gruppe hineinzieht und dort von den höchsten Gipfeln umrahmt wird. Die Krone gebührt diesbezüglich dem Roteck; die benachbarte, durch einen scharfen Grat verbundene Texelspitze ist nur 19 Meter niedriger und wird ohne präparierte Route viel seltener bestiegen. Hauptblickfänge sind aber Lodner und Hohe Weiße, die eigentümlichen Marmorgipfel als besondere Laune der Erdgeschichte. In erster Reihe postieren sich Tschigat und Zielspitze. Mit fast 2500 Meter hohen Flanken fallen sie direkt zum Vinschgau hin ab und dürfen damit als echte Charakterberge der Region gelten.

Die Jausenstation Nassereith-Hütte, als Schwaighof seit dem Mittelalter nachweisbar, befindet sich noch im unteren Bereich des Hochtals, auf einer Waldlichtung neben dem Zielbach, während die Lodnerhütte im oberen Kessel ganz klar ein echter Alpinstützpunkt ist. Der Aufstieg dorthin ist nicht eben kurz, führt uns aber die Wandlungsfähigkeit des mal lieblich gurgelnden, oft rauschenden und mitunter sogar regelrecht stürzenden Zielbachs vor Augen. Unser Weg entfernt sich nie allzu weit davon.

Der Hüttenweg von Partschins Üblicher Start ist beim Gasthaus Birkenwald ein Stück oberhalb von Partschins; der Gästebus lädt die Wanderer sogar erst beim Gasthaus Wasserfall am Ende der Straße ab. In Sichtweite donnert der Partschinser Wasserfall fast 100 Meter über eine Steilwand; am eindrucksvollsten ist die Gischt zur Zeit der Schneeschmelze im Frühsommer. Ein Abstecher bis in unmittelbare Nähe dieses Naturschauspiels lohnt sich ungemein. Nachfolgend geht es hinauf zum Fletscher, wo eine Höfestraße

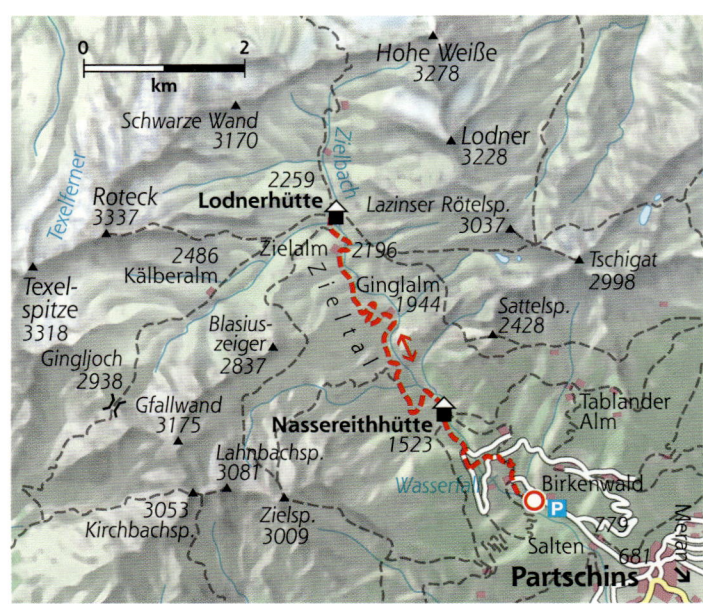

gekreuzt wird. Wir halten uns links, gelangen nochmals auf eine Fahrtrasse, kürzen auf Waldweg ein Stück ab und laufen bei der Nassereith-Hütte ein.

Bezeichnung 8 gibt weiterhin die Richtung vor, oft als breiter, aufwändig gepflasterter Saumweg, der phasenweise etwas holprig erscheinen mag, aber möglicher Erosion wirksam entgegentritt. Mit zwei ausholenden Serpentinen wird das winzige Hüttchen von Kaserstein passiert und weiter zu einer Geländeschwelle (Gingleck) angestiegen. Der Zielbach tost hier durch eine Enge. Dahinter flach weiter zur Ginglalm (1944 m) und am nächsten aufsteilenden Hang abermals in Windungen höher zu einer weiteren Schwelle mit dem Zieler Kreuz. Wir queren einige Seitenbäche hinüber zum langen Stall der Zielalm (2196 m) und packen den finalen Abschnitt

zur weiß getünchten Lodnerhütte an, die auf einem begrünten Bichl genau über dem Zusammenfluss von Lafais- und Zielbach thront. Keine Frage: Das Ambiente stimmt!

Eine Tourenfülle par excellence Aktive Wanderer und Bergsteiger können von hier in alle Richtungen ausschwärmen und einem wahrhaft reichhaltigen Tourenangebot nachspüren. Die Verbindungen zu den Nachbarhütten, etwa über den Franz-Huber-Steig zum Hochganghaus, über das oft heikle Johannesschartl zur Stettiner Hütte oder auch der alpine Übergang via Halsljoch und Milchseescharte ins Gebiet der Spronser Seen, sind von großer Klasse. Auf den hufeisenförmigen Gipfelkranz wurde bereits eingangs hingewiesen, sodass man in der Lodnerhütte durchaus für einige Tage bleiben kann, ohne dass einem die Wünsche ausgehen.

Nach langem Aufstieg erreichen wir die gemütliche Lodnerhütte.

43

12 HOCHGANGHAUS
An der Südlehne der Texelgruppe

leicht · 2 ½ Std. · 320 Hm · 6 km · ☺

AUSGANGSPUNKT
Vellau (908 m), Station des Lifts zur Leiteralm (1522 m), erreichbar mit dem Sessellift von Algund-Mitterplars oder auf der Zufahrtsstraße via Oberplars (auch Bus von Meran). Alternativ die Gondelbahn zum Gasthof Hochmut (1361 m) von Dorf Tirol aus.

GEHZEITEN
Leiteralm – Hochganghaus 1 ½ Std., zurück 1 Std., ab Gasthof Hochmut hin und zurück ca. 1 ½ Std. länger.

AUFSTIEGSMETER
Ab Leiteralm 320 Hm, ab Hochmut 500 Hm.

ANFORDERUNGEN
Flankensteig ohne große Mühen oder besondere Hürden, auf dem Abschnitt zwischen Hochmut und Leiteralm allerdings streckenweise ausgesetzt. Daher Schwindelfreiheit und Trittsicherheit angezeigt; ab Leiteralm meist harmloser teils durch Wald.

KARTE
Tabacco, 1:25 000, Blatt 011 »Meran und Umgebung«.

TOURISMUSINFORMATION
Tourismusverband Meraner Land, I-39012 Meran, Tel. 0473/20 04 43.

HÜTTENSTECKBRIEF
Höhe: Hochganghaus, 1839 m
Besitzer: privat, erbaut vor 1890, Neubau 2010
Kapazität: 40 Schlafplätze
Bewirtschaftet: Anfang Juni–Ende Oktober
Winterraum: nein
Telefon: 0473/44 33 10

ÜBERGÄNGE
Gasthaus Giggelberg (1565 m) über Meraner Höhenweg, 3 ½ Std.; Lodnerhütte (2259 m) über Franz-Huber-Steig, teilweise gesichert, 4 Std.; Oberkaseralm (2131 m) über Hochgangscharte und Sproner Seenplatte, 3 Std.

GIPFELTOUREN
Sproner Rötelspitze (2625 m), teilweise gesichert, 2 ½ Std., Tschigat (2998m), hochalpin, 4 Std.

Am Hans-Frieden-Weg zwischen Hochmut und Leiteralm

Seit kurzem gibt es zwei Hochganghäuser, denn neben der alten schon weit über 100 Lenze zählenden Hütte steht nun ein moderner, holzverkleideter Neubau. Der Standort auf einem Wiesenbalkon in der Südflanke der Texelgruppe, genauer der Sproner Rötelspitze, nahe der Waldgrenze, kommt einer heimeligen Atmosphäre natürlich sehr zugute. Das Hochganghaus ist ein mögliches Etappenziel am Meraner Höhenweg, der in fünf bis sechs Marschtagen einmal die gesamte Texelgruppe umrundet. Viele nehmen natürlich auch nur Teilstrecken unter die Füße und gerade für den Tageswanderer eignet sich die Südfront, wo man immer wieder die Blicke über den Vinschgau schweifen lassen kann.

Auf dem Meraner Höhenweg Der bequemste Zugang zum Hochganghaus ist sicherlich jener von der Leiteralm (1522 m), wo man die Höhenwegetage des »Meraners« in aller Regel per Lift erreicht hat. Für etwas Ausdauerndere sei allerdings ausdrücklich der Einstieg beim Hochmuter (1361 m) oberhalb von Dorf Tirol angepriesen, nimmt die Tour damit doch einen fulminanteren Auftakt. Denn die Traverse auf dem Hans-Frieden-Weg, so heißt der Abschnitt hinüber zur Leiteralm, zählt zum Großartigsten, was man im Meraner Land unternehmen kann. Die gut ausgebaute und an allen kritischen Stellen mit Drahtseilen abgesicherte Trasse schneidet die steilen Abhänge der Mutspitze und gewährt ein bemerkenswertes Panorama, das auf der Fortsetzung leider öfter vom Wald verdeckt wird. Nach Queren einer markanten Runse taucht die Leiteralm auf. Stets weiter mit der Nummer 24 des Meraner Höhenweges gewinnen wir in bewaldetem Terrain ein gutes Stück an Höhe, ehe wieder vermehrt Querungen vorkommen. Dabei lassen wir verschiedene Geländeecken und Tobel hinter uns, die hauptsächlich in den tiefen Töllgraben münden. Noch ein paar Meter ansteigend und wir treten auf die Lichtung mit dem Hochganghaus hinaus. Wirklich ein Ort zum Verweilen.

Das neue Hoch-
ganghaus während
der Bauphase

VON PARTSCHINS

Es gibt noch andere Zustiegsmöglichkeiten zum Hochganghaus, die aber längere Zeit durch den Hochwald führen und daher nicht so interessant sind. Vom Greiterhof (1357 m) oberhalb Partschins geht man über den Gamplweg ca. 1 ½ Std., ab Partschins/ Niedermair über Weg Nr. 7 deutlich länger.

Zur Spronser Seenplatte Eine der beliebtesten alpinen Touren im Umkreis erschließt die Spronser Seen. Auf mehrere Karstufen im Herzen der Texelgruppe verteilt, bilden sie die größte Seenplatte Südtirols, eine Landschaft herben, fast skandinavisch anmutenden Anstrichs. Bis weit in den Sommer hinein treiben Eisschollen auf den dunklen Gewässern, die von Gletscherschliffen und erratischen Felsblöcken umgeben sind. Sie sind ein Relikt der Eiszeit, die hier oben gerade erst zu Ende gegangen scheint. Wer sie erkunden möchte, muss gut zu Fuß sein, denn der Anstieg zur Hochgangscharte (2441 m), dem Tor zu den Spronser Seen, hat es ziemlich in sich. Steilschrofengelände bei voller Sonnenexposition treibt so manch einem in doppelter Hinsicht den Schweiß auf die Stirn. Doch welch ein Augenblick, wenn man die Scharte erreicht und plötzlich vor dem Langsee steht! Rechts kann die Spronser Rötelspitze mitgenommen werden. Und am reizvollsten ist sicherlich ein Rundkurs, der uns via Oberkaser (2131 m) und Taufenscharte (2230 m) wieder bis zur Leiteralm zurückbringt, näher vorgestellt in meinem Buch »Bergseen«.

13 STETTINER HÜTTE
Am Eisjöchl unter der Hochwilde

mittel | 7 Std. | 1250 Hm 19/21 km

AUSGANGSPUNKT
Vorderkaser (1693 m) im Pfossental; Zufahrt über die Schnalstaler Straße (keine Busanbindung). Oder Pfelders (1628 m), Bergdorf in einem Seitental des Hinterpasseier; Bus von St. Leonhard.

GEHZEITEN
Aufstieg jeweils 4 Std., Abstieg ca. 3 Std.

AUFSTIEGSMETER
Je nach Ausgangspunkt 1200 bzw. 1250 Hm.

ANFORDERUNGEN
Trotz beachtlicher Höhenlage unschwierige, gut und nicht steil angelegte Bergwanderwege. Im Frühsommer eventuell noch Schneefelder. Die Hauptanforderung liegt in der Länge; erhebliche Ausdauer nötig.

KARTE
Tabacco, 1:25 000, Blatt 04 »Schnalstal« oder Blatt 039 »Passeiertal«.

TOURISMUSINFORMATION
Tourismusverein Schnalstal, I-39020 Karthaus, Tel. 0473/67 91 48; Tourismusverein Passeiertal, I-39015 St. Leonhard, Tel. 0473/65 61 88.

HÜTTENSTECKBRIEF
Höhe: Stettiner Hütte, 2875 m
Besitzer: Autonome Provinz Südtirol, erbaut 1897
Kapazität: 100 Schlafplätze
Bewirtschaftet: Anfang Juli–Ende September
Winterraum: ja, offen
Telefon: 0473/64 67 89

ÜBERGÄNGE
Zwickauer Hütte (2979 m) über Pfelderer Höhenweg, 4 Std.; Lodnerhütte (2259 m) über Johannesschartl, gesichert, 3 Std.

GIPFELTOUREN
Hochwilde (3480 m), hochalpin, 2 Std.; Hohe Weiße (3278 m), hochalpin, 2 Std.

Der Standort der Stettiner Hütte ist eindrucksvoll: Mächtig bäumen sich nebenan die Hochwilde mit ihrer dunklen Felsflanke sowie die Hohe Weiße mit ihrem nordseitigen Plattenpanzer auf. Der Blick schweift weit über das Pfelderer Tal hinaus und, wenn man sich aufs nahe Eisjöchl begibt, auch in die entgegengesetzte Richtung über das Pfossental. Von beiden Seiten kann die Stettiner Hütte auf langen, impressionsreichen Wanderstrecken angesteuert werden, an denen jeweils auch mehrere Einkehrstationen aufgereiht sind. Der traditionellen Verbindung von Schnals übers Eisjöchl ins Hinterpasseier bedient sich im Übrigen auch der Meraner Höhenweg.

Im oberen Pfossental fasziniert uns die Kleine Weiße.

Wie bei vielen Südtiroler Hütten war die Geschichte der Stettiner turbulent. Der alte, immer noch gebräuchliche Name geht auf die Erbauersektion zurück, die wetterbedingt damals mit einigen Schwierigkeiten zu kämpfen hatte. 1897, im dritten Jahr nach Baubeginn, konnte die Hütte endlich eingeweiht werden, musste aber schon bald darauf zweimal Vergrößerungen erfahren. Eine einschneidende Zäsur brachte der Erste Weltkrieg mit anschließender Enteignung und Übernahme durch den Club Alpino Italiano, bei dem sich die Sektionen Padua, Bozen und schließlich Meran die Klinke in die Hand gaben. 1931 fiel die Hütte gar einer Lawine zum Opfer, und Ende der Sechzigerjahre war sie vom italienischen Militär zur Grenzüberwachung besetzt. Auch nach der Wiederbewirtschaftung ab 1972 waren noch einige Hürden zu nehmen, erwies sich die Übernachtungskapazität doch als zu knapp und das Gebäude selbst als sanierungsbedürftig. Mittlerweile ist jedoch alles paletti.

Aus dem Pfossental Da die Hüttenwege von Pfelders und vom Vorderkaser als ziemlich gleichwertig anzusehen sind, werden sie an dieser Stelle auch beide vorgestellt. Im Pfossental bleibt unser Fahrzeug kurz vor der Jausenstation Jägerrast (1693 m) zurück. Vorausblickend scheint der mächtige Schnalskamm dichtzumachen, doch beschreibt das Pfossental eine markante Rechtsbiegung. Vorbei an den Einkehrstationen Mitterkaser (1954 m), Rableid (2004 m) und Eishof (2071 m, einst höchste ostalpine Dauersiedlung) geht es sanft taleinwärts, nun parallel zum Schnalskamm auf der linken und zur Nordfront der Texelgruppe zur rechten Seite. Aufpassen, dass man an diesen einladenden Fleckchen nicht zu lange hängen bleibt, sonst wird man die Stettiner Hütte womöglich nicht mehr erreichen! Die Szenerie im Talschluss, beherrscht von der marmornen Hohen Weiße und ihrer kleinen Schwester, verführt freilich zum Weitergehen. Mit den zahllosen Windungen des flach angelegten ehemaligen Militärweges gewinnen wir die Höhe des Eisjöchls (2895 m) und erblicken dort erstmals unser Ziel, nur noch wenige Minuten entfernt.

Von Pfelders Wer sich für den Pfelderer Anstieg entscheidet, wechselt noch im Ort die Bachseite und folgt dem Fahrweg zum Weiler Zepbichl.

Das Hüttenensemble von Lazins (1772 m) präsentiert sich als malerisches Kleinod mit der Hochwilde im Hintergrund. Hinter der nächsten Jausenstation auf der Lazinser Alm (1860 m) setzen die vielen Kehren an der Flanke des Labkofels an. Auch hier streckt sich das Ganze unter der mäßigen Steigung. Auf gut 2600 m mündet von rechts der Pfelderer Höhenweg, ehe das letzte Stück hinauf zur Stettiner Hütte in Angriff genommen wird.

Krönung mit der Hochwilde Die Hochwilde (3480 m) am Alpenhauptkamm gehört zu den absoluten Paradebergen der gesamten Ötztaler Alpen und wird von beiden Seiten häufig besucht. Während man vom Nordtiroler Hochwildehaus längere Gletscherstrecken zu absolvieren hat, ist der Südtiroler Anstieg von der Stettiner Hütte (Hans-Grützmacher-Steig) bei guten Verhältnissen nahezu eisfrei und somit ein Topziel für in abschüssigem Felsgelände erfahrene Bergwanderer. Freilich hüllt sich ein Berg dieser Höhe auch im Sommer immer wieder mal in ein winterliches Kleid. Man durchmisst zunächst schräg die südostseitige Felsflanke hinauf zum Ansatz des Langtaler Ferners und bezwingt von dort den Gipfelaufbau.

Hohes Haus im
Ötztaler Urgestein:
die Stettiner Hütte

47

14 ZWICKAUER HÜTTE
Am Seelenkogel hoch über Pfelders

mittel · 6 ½ Std. · 1350 Hm · 9 km

AUSGANGSPUNKT
Pfelders (1628 m), Bergdorf in einem Seitental des Hinterpasseier; Buslinie von St. Leonhard.

GEHZEITEN
Aufstieg 4 Std., Abstieg 2 ½ Std.

AUFSTIEGSMETER
Ab Pfelders 1350 Hm.

ANFORDERUNGEN
Bezeichneter Bergweg über einen beachtlichen Höhenunterschied bis in geröllig-felsiges Gelände; da südseitig, zusätzlich schweißtreibend. Solide Trittsicherheit und gute Kondition erforderlich.

KARTE
Tabacco, 1:25 000, Blatt 039 »Passeiertal«.

TOURISMUSINFORMATION
Tourismusverein Passeiertal, I-39015 St. Leonhard, Tel. 0473/65 61 88.

HÜTTENSTECKBRIEF
Höhe: Zwickauer Hütte, 2979 m
Besitzer: Autonome Provinz Südtirol, erbaut 1899
Kapazität: 60 Schlafplätze
Bewirtschaftet: Anfang Juli–Ende September
Winterraum: ja, offen
Telefon: 0473/64 60 02

ÜBERGÄNGE
Stettiner Hütte (2875 m) über Pfelderer Höhenweg, 4 Std.; Gasthof Hochfirst an der Timmelsjochstraße, 6 Std.

GIPFELTOUREN
Hinterer Seelenkogel (3489 m), Stellen I, 1 ½ Std.; Scheibenkogel (3133 m), Gletschertraverse, 1 Std.

Die Zwickauer Hütte, himmelhoch über Pfelders auf einem Vorsprung am Rande des Planferners gelegen, ist gewissermaßen ein Pendant zur Stettiner Hütte am Eisjöchl. Schon die Chronik liest sich ähnlich, denn auch die Zwickauer wurde gegen Ende des 19. Jahrhunderts von einer alpenfernen Sektion gebaut, nach dem Ersten Weltkrieg vom CAI übernommen, 1933 durch Brand zerstört, 1960 wieder aufgebaut, allerdings bald darauf vom Militär beschlagnahmt und in die Luft gesprengt. Erst seit 1983 steht dort wieder eine richtige Herberge für Bergsteiger.

Beide Stützpunkte am unmittelbaren Südabfall des Ötztaler Hauptkammes sind auch durch einen herrlichen Höhenweg miteinander verbunden. Während die Stettiner Hütte die begehrte Hochwilde als Hausberg besitzt, ist es bei der Zwickauer der Hintere Seelenkogel. Ein kaum minder attraktives Ziel, wenn man in der Lage ist, einige Passagen ausgesetzter Blockkletterei zu meistern und natürlich mit der dünnen Luft in fast dreieinhalbtausend Meter Höhe zurechtkommt. Aber auch wer es bei der Hütte bewenden lässt, muss schon ein ordentliches Steigpensum bis in alpine Gefilde bewältigen. Weil sich dort nur gestandene Bergwanderer und wohl niemals Karawanen von Ausflüglern einfinden, wird sich die Zwickauer das Flair einer echten Berghütte garantiert bewahren können.

Von Pfelders über die Schneidalm Bereits am Ortsrand überschreiten wir den Pfelderer Bach und steigen an der gegenüberliegenden Talflanke mit Nr. 6a aufwärts. Die verästelte Fernerbachrunse gibt zunächst die Leitlinie vor; später schweifen wir nach links ab und gewinnen an üppig bewachsenen Hängen die Höhe der bewirtschafteten Schneidalm (2159 m), die wenige Schritte abseits unserer Route liegt. Nach 1 ½ Stunden erscheint angesichts des Bevorstehenden eine Einkehr vielleicht verfrüht, doch wird sicher beim Rückweg noch Zeit dafür sein. Links weiter über Grasmatten zur Oberen

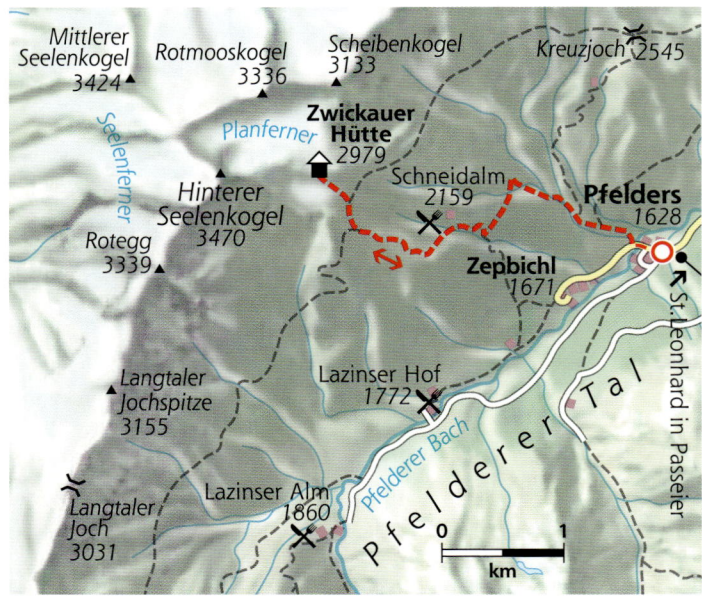

Schneid (2371 m), einem herrlichen Aussichtspunkt. Hier zweigt auch ein spärlicher Pfad ab,
der um den Bockberg herum in den Pfelderer
Höhenweg zur Stettiner Hütte mündet. Für uns
heißt es am begrünten Geländesporn in vielen
Kehren weiter bergauf zu gehen. Allmählich
bleiben dabei die Matten zurück. Wir passieren
die beiden Abzweigungen des »44ers« Richtung
Stettiner Hütte links und Kreuzjoch/Rauhjoch
rechts, bevor einige meist schneedurchsetzte
Blockschuttfelder bis unter den Aufbau des
Weißen Knott leiten. Dort oben thront weithin
sichtbar die Zwickauer Hütte, die zuletzt auf
gut angelegtem Felssteig erreicht wird.

Hausberg Hinterer Seelenkogel Unser Hüttenziel ist
dem Hinteren Seelenkogel (3489 m) regelrecht
auf den Leib geschrieben – eine Zugabe, die das
ohnehin schon großartige Aussichtserlebnis
noch steigern kann. Der Ansatz des Ostgrates
befindet sich nur wenige Schritte entfernt; hier
überwinden wir bereits die Dreitausendmetermarke. Erste aufsteilende Passagen führen zu
einer Gratschulter, wo man für eine Weile wieder auf gute Spuren trifft. Nachdem die blockige
Schneide deutlich nach rechts umbiegt und hier
eine kleine Scharte aufwirft, wird es eine Spur
anspruchsvoller. Unter Zuhilfenahme der
Hände direkt über den Brataufschwung bis zum
Gipfel, wo wir fast zwei Kilometer über dem
Talboden von Pfelders stehen und Einblicke in
die Nordtiroler Gletscherkammern erhalten.

Tiefblick auf Pfelders
beim Hüttenaufstieg

Die Zwickauer Hütte
mit Ihrem Hausberg,
dem Hinteren
Seelenkogel

15 HOCHALM
Am Passeirer Sonnenhang

leicht · 4 Std. · 850 Hm · 9 km

AUSGANGSPUNKT
Stuls (1332 m), Hangdorf über dem hinteren Passeiertal; Zufahrt von Moos (Buslinie ab St. Leonhard).

GEHZEITEN
Aufstieg über Stuller Mahder 2 ½ Std., Abstieg über Eggergrubalm 1 ½ Std.

AUFSTIEGSMETER
Ab Stuls 850 Hm.

ANFORDERUNGEN
Im Allgemeinen leichte, nur vorübergehend etwas steilere Bergwanderwege, im Abstieg am Schluss auch breite Fahrtrasse. Außer etwas Ausdauer keine nennenswerten Anforderungen.

KARTE
Tabacco, 1:25 000, Blatt 039 »Passeiertal«.

TOURISMUSINFORMATION
Tourismusverein Passeiertal, I-39015 St. Leonhard, Tel. 0473/65 61 88.

HÜTTENSTECKBRIEF
Höhe: Hochalm, 2174 m
Besitzer: privat
Kapazität: 25 Schlafplätze
Bewirtschaftet: Anfang Juni–Ende Oktober
Winterraum: nein
Telefon: 348/411 03 62

ÜBERGÄNGE
Flecknerhütte (2100 m) über Passeirer Höhenweg, 4 ½ Std.; Schneeberghütte (2355 m) über die Hochwart, 4 ½ Std.

GIPFELTOUREN
Hochwart (2608 m), 1 ¼ Std.; Hohe Kreuzspitze (2743 m), 1 ¾ Std.

Hüttenwandern erfreut sich großer Beliebtheit und nicht nur hochalpine Stützpunkte des Alpenvereins stehen auf dem »Speiseplan« der Bergurlauber. So sind da und dort auch Almhütten zu Berggasthäusern umgebaut worden, neue Perspektiven und Einnahmequellen für die Bewirtschafter generierend. Bei Wanderfreunden, die es gern beschaulich mögen, erfreuen sich solche Angebote regen Zuspruchs. Eine besonders schön gelegene Hütte dieser Art ist die Hochalm oberhalb des hinteren Passeiertals. Man blickt von dort auf die gegenüberliegende Texelgruppe, ins Pfelderer Tal und zum Gurgler Kamm, der den östlichen Abschluss des mächtigen Ötztaler Hauptkammes bildet. Kinder können sich auf den weitläufigen Stuller Mahdern – die gar von prähistorischer Bedeutung sein sollen! – gefahrlos austoben, und der Ambitionierte entdeckt mit der Hochwart oder der Hohen Kreuzspitze interessante Zugaben.

Vom Sonnendorf Stuls Stuls, ein gutes Stück über dem Talgrund der Passer am Südhang gelegen, kann sich als Ortschaft einer der bevorzugtesten Lagen weit und breit rühmen: von der Sonne regelrecht verwöhnt. Mir ist die Gegend auf Anhieb sympathisch gewesen, findet man hier doch weitgehend unverfälschtes Südtiroler Ambiente vor. Das ist nach heutigem Zeitgeist nicht unbedingt eine Selbstverständlichkeit, doch die Passeirer gelten eben als besonders bodenständig. Zwei verschiedene Routen ziehen von Stuls hinauf zur Hochalm, die wir miteinander kombinieren wollen. Unmittelbar bei der Kirche geht es am bewaldeten Steilhang hoch und bald zu einer Gabelung, wo links wie rechts die Stuller Mahder in gleicher Zeit ausgewiesen werden. Bei P. 1796 – inmitten idyllischer, von zahlreichen Heustadeln besetzter Waldwiesen – vereinigen sich die beiden Trassen wieder. Etwas höher treten wir über die Waldgrenze hinaus und befinden uns eine Weile auf einem Karrenweg im Bereich der Stuller Mahder. Der

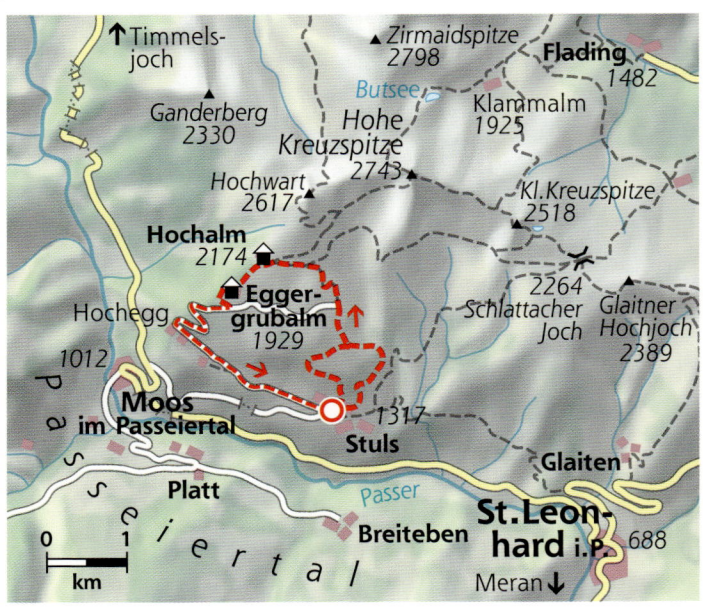

Bergriegel wird von der Hohen Kreuzspitze beherrscht, höchster Gipfel im Jaufenkamm der Südlichen Stubaier Alpen. Schließlich spazieren wir im Rücken der Stuller Mut mit einer Linkstraverse bis zur Hochalm hinüber. Den Rückweg nehmen wir zur Abwechslung auf der

Variante über die Eggergrubalm (1929 m), die wir am südwestwärts ausstreichenden Bergrücken erreichen. Auch hier kann eingekehrt und übernachtet werden, dies sogar ganzjährig. Etwas tiefer trifft man auf einen Wirtschaftsweg, dessen Kehren sich teilweise auch abkürzen lassen (etwas unübersichtlich). An den exponierten Berghöfen von Hochegg vorbei schließt sich der Kreis Richtung Stuls.

Hochwart und Kreuzspitze Für gute Geher liegt im Rahmen einer Tagestour allemal noch ein zusätzliches Gipfelziel drin, wofür die Hochwart (2608 m) sowie die Hohe Kreuzspitze (2743 m) infrage kommen. Die anfängliche Aufwärtsquerung ab Hochalm ist dieselbe, dann knickt die Route zur Hochwart scharf nach links ab. Über steindurchsetzte Matten mit einigen Windungen zum Gipfelrücken hinauf und zur finalen Felshürde mit auffällig hellem Gestein. Mit Fixseilhilfe wird sie rasch bis zum Kreuz auf dem Südgipfel überwunden. Wer sich hingegen die höhere Kreuzspitze vornimmt, folgt weiter dem Steig in den hinteren Karkessel und wendet sich dem Steilschrofengelände in der Südflanke zu. Am Schluss über den Südgrat zum Gipfel.

Die Hochalm ist eine herrliche Passeirer Panoramaloge.

Kleines Blumenparadies am Stuller Sonnenhang

16 SCHNEEBERGHÜTTE
Ehemaliges Herrenhaus der Knappensiedlung St. Martin

leicht 3 ¼ Std. 690 Hm 8 km

AUSGANGSPUNKT
An der Timmelsjochstraße (Schneebergbrücke, 1666 m), bei km 15,5 ab St. Leonhard; keine Linienbusanbindung, aber eventuell spezieller Wanderbus zwischen Moos im Passeier und Obergurgl.

GEHZEITEN
Aufstieg 2 Std., Abstieg 1 ¼ Std.

AUFSTIEGSMETER
Ab Timmelsjochstraße 690 Hm.

ANFORDERUNGEN
Leichte und nicht besonders lange Bergwanderung auf gut angelegtem Weg.

KARTE
Tabacco, 1:25 000, Blatt 039 »Passeiertal«.

TOURISMUSINFORMATION
Tourismusverein Passeiertal, I-39015 St. Leonhard, Tel. 0473/65 61 88.

HÜTTENSTECKBRIEF
Höhe: Schneeberghütte, 2355 m
Besitzer: privat, erbaut 1925
Kapazität: 100 Schlafplätze
Bewirtschaftet: Mitte Juni–Mitte Oktober
Winterraum: nein
Telefon: 0473/64 70 45

ÜBERGÄNGE
Poschalm (2114 m) über Schneebergscharte, 2 ½ Std.; Grohmannhütte (2254 m) bzw. Teplitzer Hütte (2586 m) über Schneebergscharte, Egetjoch und Sieben-Seen-Weg, 5–6 Std.; Müllerhütte (3145 m) bzw. Becherhaus (3195 m) über Karlscharte und Schwarzwandscharte, Gletschertraverse, 5–6 Std.; Hochalm (2174 m) über Hochwart, 4 ½ Std.

GIPFELTOUREN
Schneeberger Weissen (2961 m), leichte Kletterei, 2 Std.

Mit dem Stil typischer Alpenvereinshütten ist die Schneeberghütte nicht vergleichbar, denn das kasernenähnliche Gebäude ist ursprünglich einer anderen Funktion zugedacht worden. Es befindet sich nämlich in der ehemaligen Knappensiedlung St. Martin am Schneeberg und wurde erst 1972 in ein Schutzhaus für Bergwanderer umgewandelt. Nachdem zwischenzeitlich die Sektion Meran des CAI Pächter war, steht es heute unter privater Führung. Man bekommt durchaus das Gefühl, dass diese Mauern Geschichte atmen.

Am Schneeberg befand sich einst das höchstgelegene Bergwerk Europas und zeitweise eines der bedeutendsten. Seine Anfänge gehen mindestens auf das Jahr 1237 zurück, aus dieser Zeit stammt nämlich das älteste schriftliche Zeugnis, in dem »gutes Silber vom Schneeberg« Erwähnung findet. Im 15. und beginnenden 16. Jahrhundert stand die Förderung in höchster Blüte. Sterzing kam als Stadt der Gewerke zu Wohlstand und Macht, die Verbindungen reichten bis zu den Augsburger Fuggern, die hier Zweigniederlassungen gründeten und ordentliche Gewinne schöpften. In 2000 bis 2500 Meter Höhe ziehen sich die Lagerstätten durch das gesamte Gebiet zwischen Passeier- und Ridnauntal. Nach und nach sind die Bergkämme von über 1000 Stollen, Gruben und Schächten gleichsam durchlöchert worden wie ein Schweizer Käse. In der Hauptsache wurden zunächst Silber und Blei, ab 1871 dann Zinkblende, das am häufigsten vorkommende Erz, gefördert. In diese Zeit fallen auch die Inbetriebnahme der Erzaufbereitungsanlage Maiern im hintersten Ridnauntal sowie der Wechsel des aufwändigen Abtransports über Saumwege hin zu einer schienengebundenen Übertageförderanlage, die von Seemoos auf Passeirer Seite über 27 Kilometer bis nach Sterzing reichte. 1926 brachte eine ganzjährig betriebsfähige Materialseilbahn weiteren Fortschritt. Aber trotz sukzessive verbesserter Förder- und Transportmethoden war das Leben der Knappen zu jeder Zeit überaus hart und gefährlich. Gruben- und Lawinenunglücke waren keine Seltenheit, und viele starben früh infolge der schlechten Lebensbedingungen. Den Profit strichen freilich andere ein. Eine Verklärung der Umstände ob der bemerkenswerten Leistungen scheint daher nicht angebracht, auch im Hinblick auf die Umwelt, die zu den großen Verlierern

Die markante Gürtelwand ist ein Blickfang im Schneeberggebiet.

zählte. Den vorläufigen Schlusspunkt unter fast 800 Jahre Bergbau am Schneeberg markiert das Jahr 1979, als der Förderbetrieb eingestellt wurde. Seit einigen Jahren sind die Anlagen im Rahmen des Südtiroler Bergbaumuseums für interessiertes Publikum zugänglich. So konnte ein Industriedenkmal beachtlichen Ausmaßes gerade noch rechtzeitig vor dem Verfall bewahrt werden.

Hinauf nach St. Martin am Schneeberg Diverse Wege führen von der Timmelsjochstraße Richtung Schneeberghütte, am kürzesten ist jener von der Schneebergbrücke, Markierung 31. Auf der linken Seite des Einschnitts steuert die Route in Kehren zunächst das untere Abbaugebiet im Seemoos (2168 m) an, wo der Zugang via Obergostalm dazukommt. Nun linker Hand in mäßiger Steigung oder rechts über den Knappenweg steiler und direkter hinauf nach St. Martin.

Aufgrund der Kürze der Tour wird allemal noch ein Zusatzprogramm drin sein. Prädestiniert ist natürlich die Besichtigung des Bergwerksmuseums, geöffnet vom 1. Juli bis 15. Oktober. Außerdem werden verschieden lange Wanderführungen angeboten, für die Voranmeldung beim Museum notwendig ist. Alpine Übergänge sind zum Timmler Schwarzsee (schöne Rundtour mit günstigem Ausgangspunkt an der Timmels-

brücke) sowie zu diversen Hütten im Umkreis möglich. Jenseits der Schneebergscharte befindet sich das im Jahr 1911 errichtete und heute ebenfalls als Wanderstützpunkt geführte Poschhaus im Lazzacher Tal.

Die Schneeberghütte gehört zur einstigen Knappensiedlung St. Martin.

53

schwierig 11 Std. 1800 Hm 18 km

AUSGANGSPUNKT

Bergwerksmuseum Maiern (1426 m) im Ridnauntal; werktags Bus von Sterzing.

GEHZEITEN

Maiern – Grohmannhütte 2 ½ Std. – Teplitzer Hütte 1 Std. – Becherhaus 3 Std., Abstieg insgesamt 4 ½ Std.

AUFSTIEGSMETER

Bis Teplitzer Hütte 1160 Hm, bis Becherhaus 1800 Hm.

ANFORDERUNGEN

Bis Teplitzer Hütte normaler Bergweg mit einigen Steilstücken, Trittsicherheit vorteilhaft. Weiter zum Becherhaus hochalpine Tour mit Querung eines spaltenlosen Gletscherarms und ausgesetztem Felssteig am Schluss. Solide Bergerfahrung und exzellente Kondition unerlässlich.

KARTE

Tabacco, 1:25 000, Blatt 038 »Sterzing – Stubaier Alpen«.

TOURISMUSINFORMATION

Tourismusverein, I-39049 Sterzing, Tel. 0338/135 83 71.

HÜTTENSTECKBRIEF

Höhe: Teplitzer Hütte, 2586 m
Besitzer: Autonome Provinz Südtirol, erbaut 1889
Kapazität: 80 Schlafplätze
Bewirtschaftet: Ende Juni–Ende September
Winterraum: ja, offen
Telefon: 338/135 83 71

Höhe: Becherhaus, 3195 m
Besitzer: Aut. Prov. Südtirol, erbaut 1894
Kapazität: 105 Schlafplätze
Bewirtschaftet: Anfang Juli–20. September
Winterraum: ja, mit Schlüssel
Telefon: 0472/65 63 77

ÜBERGÄNGE

Müllerhütte (3145 m) über den Übeltalferner, ¾ Std. vom Becherhaus; Magdeburger Hütte (2423 m), vergletschert, ab Teplitzer Hütte 5 Std.

GIPFELTOUREN

Aglsspitze (3194 m), ab Teplitzer Hütte 2 Std.; Wilder Freiger (3418 m), kombiniert, ab Becherhaus 1 Std.; Wilder Pfaff (3456 m) und Zuckerhütl (3507 m), kombiniert, 2 ½ bis 3 Std.

Über den weiten Eiswogen des Übeltalferners, genau auf dem Felsgupf des Bechers, thront das höchste Schutzhaus Südtirols. 1894 wurde es nach enormen Kraftanstrengungen (was ganz wörtlich zu nehmen ist) als »Kaiserin-Elisabeth-Haus« feierlich eröffnet. Auf den Weg gebracht hatte den Bau Professor Carl Arnold, Vorsitzender der Alpenvereinssektion Hannover. Zur damaligen Zeit war es sicher eines der kühnsten Hüttenprojekte überhaupt, was allein schon daran abzulesen ist, dass sich trotz Bereitstellung finanzieller Mittel durch den Hauptverein zunächst keine der 118 Sektionen darantraute. Schließlich versuchten es die Hannoveraner selbst und fanden tatkräftige Unterstützung in dem Pflerscher Zimmermeister Johann Kelderer, der seine Kompetenz schon beim Bau der Magdeburger sowie der Tribulaunhütte unter Beweis gestellt hatte. Die Widmung für die Kaiserin sollte den außergewöhnlichen Rang des Hauses auch nach außen hin unterstreichen. Doch dieser wurde – nach anfänglicher Hochphase – lange Zeit verunglimpft. Die Hütte verwahrloste total und wurde erst Ende der Siebzigerjahre wieder auf Vordermann gebracht, um den Bergsteigern endlich einen wertvollen Stützpunkt und ein einmaliges Wolkenhaus zurückzugeben. Ringsum gruppieren sich einige der höchsten und namhaftesten Gipfel der Stubaier Alpen: ganz nah der Wilde Freiger, daneben auch Botzer, Sonklarspitze, Wilder Pfaff und etwas abgerückt, aber ebenfalls von hier gut zu erreichen, das Zuckerhütl.

Der beste Zustieg zum Becherhaus ist jener aus dem hintersten Ridnauntal – eine richtige Hüttenstafette. Denn am Weg liegen auch die kleine Grohmannhütte sowie die Teplitzer Hütte, die ihren Ursprung noch früher als das

Becherhaus haben. Die Alpenvereinssektion Teplitz hatte 1887 auf dem »Bloßen Bühel« ihre erste Unterkunft gebaut, die aber bereits den ersten Winter nicht überstand. Trotzdem ließen sich die wackeren Böhmen nicht unterkriegen, errichteten umgehend einen Neubau (benannt nach dem Finanzier Theodor von Grohmann) und fast gleichzeitig eine Wegstunde oberhalb die Teplitzer Hütte. Wer nicht ganz das Rüstzeug für eine hochalpine Tour auf den Becher besitzt, findet also trotzdem genügend Anreiz, die landschaftlichen Schätze im inneren Ridnauntal während einer Hüttenwanderung zu entdecken.

Längster Hüttenweg der Ostalpen Bei der ehemaligen Erzaufbereitungsanlage Maiern (heute Landesbergbaumuseum) wählen wir Weg Nr. 9 und steigen eine knappe Stunde zur Schwelle des Aglsbodens auf. Dort öffnet sich ein eindrückliches Amphitheater, eine Schwemmebene, ringsum eingefasst von hohen Bergflanken. Gleich vorn über den Bach und am rechten Rand des Kessels entlang. Mit der nächsten Geländestufe gelangen wir in einen Hochtaleinschnitt, hinter dem sich ein weiterer flacher Boden, der Sandboden, öffnet: wieder so ein glazial geprägtes Stück Bergwildnis, natürlich schon von spürbar herberem Charakter. Knapp rechts oberhalb steht die winzige Grohmannhütte (2254 m) auf einem felsigen Buckel und gewährt bereits einen schönen Überblick. Sie wurde bisher wie die Teplitzer Hütte höher oben von der Sektion Sterzing des CAI unterhalten, bietet aber nur zehn Übernachtungsplätze. Für die folgende, kehrenreich zu überwindende Steilstufe heißt es nochmals Kräfte mobilisieren, dann laufen wir bei der Teplitzer Hütte ein und können im Angesicht des riesigen Übeltalferners die Szenerie genießen.

Tageswanderer werden spätestens hier wohl umkehren. Die Ambitionierten wollen freilich hinauf zum höchsten Haus in Südtirol, wobei die Sache nun zunehmend rauer wird. Typisch buckeliges Gletscherschliffgelände sowie Moränenschutt prägen die Umgebung, während unser Steig um zwei Geländesporne herumlaviert und schließlich auf ein kleines Gletscherbecken stößt. In der Regel ist die horizontale Querung auf die gegenüberliegende Seite, zum Einstieg in die Becherfelsen, gutmütig. Doch das Finale hat es nochmals in sich, wäre ohne den phasenweise klettersteigartigen Ausbau

Abendstimmung am Becherhaus

Das höchste Schutz-
haus Südtirols krönt
die Felskuppe des
Bechers.

auch ganz schön heikel, zumal sich auf dieser
Höhe selbst zur Sommerzeit gern Schnee und
Eis einnisten. Auf pfiffig angelegter Steiganlage,
vorbei am Abzweig zur Müllerhütte, erreichen
wir nach sechs bis sieben Gehstunden endlich
das Becherhaus und begreifen die Exponiertheit
dieses Ortes, aber auch die Heimeligkeit der
Hütte. Eine Nacht dort oben wird sicher zum
unvergesslichen Erlebnis.

Hausberg Wilder Freiger Wer noch eine Schippe
draufzulegen vermag und Hochtourenerfahrung
besitzt, wird inmitten der Stubaier Gletscherwelt
vermutlich einige Tourenwünsche entwickeln.
Auf die vielfältigen Möglichkeiten soll im Rahmen dieses Wanderbuches nicht einzeln einge-
gangen werden, allein der Wilde Freiger (3418 m)
als nächstliegender Hochgipfel darf noch ein
paar würdigende Worte erfahren. Es ist immer
wieder ein großartiger Moment, bereits zu früher
Morgenstunde dort oben zu stehen. Vom Becherhaus verlieren wir ein paar Höhenmeter
zum Rand des Übeltalferners, steigen weiter
oben in den Freiger-Südgrat ein und gewinnen
in leichter Kletterei, teils auch versichert, den
Signalgipfel (3392 m). Nun nach links umbiegend
über den meist unschwierigen, überfirnten Ver-
bindungskamm zum höchsten Punkt.

ZUR MÜLLERHÜTTE

Der Vollständigkeit halber sei an dieser Stelle die Müllerhütte (3145 m), die sich vis-à-vis des Becherhauses unweit der Pfaffennieder befindet, nicht unterschlagen. Auch sie wurde einst vom Teplitzer Alpenverein (1908) errichtet und nach langer Vernachlässigung erst in den vergangenen zwei Jahrzehnten vom CAI Bozen wieder ihrer alten Bestimmung übergeben. Zur Müllerhütte gibt es keinen Zustieg ohne ernsthafte Gletschertraverse. Eine Möglichkeit ist, der Abzweigung in den Becherfelsen zu folgen; eine andere Route nimmt hingegen bei der Timmelsbrücke im Hinterpasseier ihren Ausgang und zieht via Timmler Schwarzsee und Schwarzwandscharte auf den Übeltalferner, der nordwärts bis zur Hütte überquert wird, ca. 5 ½ Std. Bewirtschaftung Ende Juni–Mitte September, 88 Schlafplätze, Tel. 0472/64 73 73.

Für Tageswanderer ist die Teplitzer Hütte ein attraktives Ziel im Ridnaun.

Gletscher und Grate am Stubaier Hauptkamm; in Bildmitte dominierend der Wilde Freiger

18 MAGDEBURGER HÜTTE
Am Ende des Pflerschtals

mittel | 5 Std. | 960 Hm | 8 km

AUSGANGSPUNKT
Hüttenparkplatz (1465 m) oberhalb Hinterstein im innersten Pflerschtal; Zufahrt über eine schmale Bergstraße von St. Anton (bis dort Busverkehr).

GEHZEITEN
Aufstieg 3 Std., Abstieg 2 Std.

AUFSTIEGSMETER
Ab Parkplatz 960 Hm, ab St. Anton 1180 Hm.

ANFORDERUNGEN
Gewöhnlicher, bezeichneter Bergweg mit steilen Abschnitten, der ein gewisses Grundmaß an Trittsicherheit und Ausdauer erfordert.

KARTE
Tabacco, 1:25 000, Blatt 038 »Sterzing – Stubaier Alpen«.

TOURISMUSINFORMATION
Tourismusverein, I-39040 Gossensaß, Tel. 0472/63 23 72.

HÜTTENSTECKBRIEF
Höhe: Magdeburger Hütte, 2423 m
Besitzer: CAI Sektion Sterzing, erbaut 1887
Kapazität: 50 Schlafplätze
Bewirtschaftet: Ende Juni–Ende September
Winterraum: ja, offen
Telefon: 0472/63 24 72

ÜBERGÄNGE
Tribulaunhütte (2368 m) über den Hohen Zahn, 4 Std.; Teplitzer Hütte (2586 m) über Südliche Stubenscharte und Magdeburger Scharte, vergletschert, 5 Std.; Bremer Hütte (2413 m) über Bremer Scharte, 3 ½ Std.

GIPFELTOUREN
Weißwandspitze (3016 m), Stellen I, 2 Std.; Schneespitze (3166 m), kombiniert, 2 ½ Std.; Aglsspitze (3194 m), kombiniert, 3 ½ Std., Übergang zur Teplitzer Hütte möglich

So nah an der Brennerroute gelegen, mutet es überraschend an, dass das Pflerschtal noch nicht vom Massentourismus entdeckt worden ist. Aber bei den meisten scheint auf dem Weg nach Bella Italia der Fuß wohl am Gaspedal festgewachsen, und ehe man auf der Höhe von Gossensaß ins Pflerschtal hineingeblickt und es so richtig wahrgenommen hat, ist man auch schon vorbei. Vielleicht besser so! Pflersch kommt gut ohne touristische Großprojekte aus, die Bergnatur – geprägt durch ein harmonisches Zusammenwirken von bergbäuerlicher Kulturlandschaft und wilden Gipfeln – ist Attraktion genug. Zur bescheidenen, aber wichtigen Infrastruktur gehören vor allem die beiden Schutzhütten an der nördlichen Talflanke: die Tribulaunhütte sowie die Magdeburger Hütte weiter hinten. Der Wanderer und Bergsteiger fühlt sich hier in seinem Element.

Von Stein in den innersten Pflerscher Winkel Der Hauptort in Innerpflersch heißt St. Anton. Wer hier startet, muss gegenüber dem üblichen Ausgangspunkt vom Hüttenparkplatz bei Stein eine Dreiviertelstunde zugeben. Gleich hinter dem Parkplatz überschreiten wir den Bach auf die rechte Seite, steigen dort durch Wald und Gebüsch ein wenig auf und folgen bei der Gabelung Markierung 6. Nummer 8 gehört zum Tribulaunhüttenweg. Also

Landschaft in Innerpflersch mit dem gewaltigen Tribulaun als Blickfang

Die urig holzver-
kleidete Magdeburger
Hütte

geradeaus in den Talhintergrund bis kurz vor die Ochsenalm, die schließlich links unterhalb bleibt. Erst jetzt steigt der Weg spürbar an, windet sich in vielen Serpentinen an der steilen Berglehne empor. Auf einem Absatz in 2100 Meter Höhe steht eine kleine Schäferhütte. Nebenan bildet der Hochalmbach eine sehenswerte Schluchtrinne mit Wasserfall. Beharrlich absolvieren wir Kehre für Kehre und werden mit immer prächtigeren Ausblicken belohnt. Zuletzt schwenken wir links ein und erreichen den Geländeabsatz mit der Magdeburger Hütte, in deren Umfeld zwei Gebirgsseen, Stuben- und Rochollsee, malerische Akzente setzen. Grandios ist die Rückschau in die Achse des Pflerschtals, über die linksseitig der mächtige Tribulaun dominiert.

Auf die außergewöhnliche Weißwand Mit einem Sockel aus Urgestein und einer hellen Kalkhaube ist die Weißwand (3018 m) ein geologisches Unikum. Dreitausendersammler vernehmen hellhörig die Höhe des Berges, der die magische Grenze gerade eben knackt. Der markierte Steig führt allerdings, nachdem er die Ausläufer der Schafkammspitze umkurvt und in einem Trümmerkar an Höhe gewonnen hat, ein Stück unterhalb des Gipfels vorbei – genau gesagt über das markante Band, das die beiden unterschiedlichen Gesteinskomplexe voneinander trennt. Man muss halt nur an geeigneter Stelle davon abzweigen und auf

schwachen Pfadspuren die Felsflanke hinaufkraxeln. Ideal ist im Übrigen die Fortsetzung der Tour über den Hohen Zahn (2924 m) zur Tribulaunhütte (2368 m) mit Direktabstieg zurück zum Parkplatz Stein. Details dazu lese man im folgenden Kapitel nach.

19 TRIBULAUNHÜTTE
Am Pflerscher Sandessee

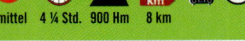

mittel | **4 ¼ Std.** | **900 Hm** | **8 km**

AUSGANGSPUNKT
Hüttenparkplatz (1465 m) oberhalb Hinterstein im innersten Pflerschtal; Zufahrt über eine schmale Bergstraße von St. Anton (bis dort Busverkehr).

GEHZEITEN
Aufstieg 2 ½ Std., Abstieg 1 ¾ Std.

AUFSTIEGSMETER
Ab Parkplatz 900 Hm, ab St. Anton 1120 Hm.

ANFORDERUNGEN
Gut ausgebauter, kehrenreicher Bergwanderweg ohne schwierige Stellen, mit elementarer Trittsicherheit und entsprechender Kondition auch für weniger Berggewohnte machbar.

KARTE
Tabacco, 1:25 000, Blatt 038 »Sterzing – Stubaier Alpen«.

TOURISMUSINFORMATION
Tourismusverein, I-39040 Gossensaß, Tel. 0472/63 23 72.

HÜTTENSTECKBRIEF
Höhe: Tribulaunhütte, 2368 m
Besitzer: CAI Sektion Sterzing, erbaut 1892
Kapazität: 37 Schlafplätze
Bewirtschaftet: Anfang Juli–Ende September
Winterraum: ja, offen
Telefon: 0472/63 24 70

ÜBERGÄNGE
Österreichische Tribulaunhütte (2064 m) über Sandesjöchl, 2 Std.; Magdeburger Hütte (2423 m) über den Hohen Zahn, 4 Std.; Pflerscher Höhenweg zum Portjoch mit Abstieg nach Außerpflersch, teilweise gesichert, 6 Std.

GIPFELTOUREN
Hoher Zahn (2924 m), 1 ¾ Std.; Pflerscher Tribulaun (3097 m), sehr anspruchsvolle Felstour bis III, 3 ½ Std.

Ihre Architektur mit dem zum Dach verstrebten Balkon als Front wirkt etwas eigenwillig, beinahe künstlerisch, ihre Lage an einem malerischen Karsee ist schlicht traumhaft: Die Tribulaunhütte wird – kurz gesagt – jeden begeistern. Unmittelbar nebenan dräuen die Wände des Pflerscher Tribulaun, ein wahrer Koloss von Berg, wie man ihn eher in den Dolomiten vermuten würde. Und so abwegig ist diese Vorstellung gar nicht. Denn das Gestein, das die »Bleichen Berge« so berühmt gemacht hat, gibt es auch hier. Nach der Überlieferung soll es sogar in der Tribulaungruppe entdeckt worden sein: Irgendwann gegen Ende des 18. Jahrhunderts kam ein Mann mit dem zungenbrecherischen Namen Déodat Guy Silvain Tancrède de Dolomieu in diese Gegend, klaubte ein paar Steine auf, untersuchte sie und kam zu dem Ergebnis, dass sich das Material von »gewöhnlichem« Kalk unterscheidet. Ihm zu Ehren taufte man es »Dolomit«, woraus später der Name der Dolomiten abgeleitet wurde. Geologisch ist die Tribulaungruppe also eng mit diesen verwandt, obwohl sie geografisch Teil des Zentralalpenkamms ist, an dem sonst kristalline Gesteine vorherrschen. Persönlich lernte ich die Tribulaunhütte das erste Mal auf ihrem längsten und großartigsten Zugang kennen: dem Pflerscher Höhenweg. Er zieht auf verwinkelter Linie durch die gesamten Südabhänge der Tribulaungruppe und geizt nicht mit prickelnden Elementen, die saugende Tiefe oft nur einen Fußbreit neben uns. Doch das ist natürlich nur eine Option für alpine Dauerläufer, immerhin muss man vom Tal aus mit mehr als sieben Stunden reiner Gehzeit rechnen. Der übliche Zustieg beginnt hingegen an gleicher Stelle wie jener zur Magdeburger Hütte.

Mögliche Rundtour von Innerpflersch Ein kurzes Stück über den Bach hinweg laufen die beiden Wege gemeinsam, dann biegen wir mit Markierung 8 bergwärts ab. Mit etlichen Windungen lassen wir den Wald unter uns, bevor während einer Rechtstraverse ein kleiner Wasserfall passiert wird. Danach in weiteren Serpentinen an steilere Schrofenwände heran, wo sich jedoch ein gutmütiger Durchschlupf öffnet. Weiter rechts haltend um ein Eck herum (hier schönster Rastplatz mit Bank und Bildstock) und damit in die Hangmulde des Gansörbaches eintretend. Hier steigt man bis zur Vereinigung mit dem von rechts kommenden Pflerscher Höhenweg auf und hat dann nur noch das letzte Flachstück unter den gewaltigen Wänden des Pflerscher Tribulaun vor sich. Kareinwärts gelangen wir zum hübschen Sandessee und zur Tribulaunhütte, übrigens nicht zu verwechseln mit dem gleichnamigen Schutzhaus auf Nordtiroler Seite.

Der Abstieg ist prinzipiell auf anderer Route möglich, indem man ein gutes Stück dem Pflerscher Höhenweg bis unter den Südsockel des Tribulaun folgt. Im Bereich einer oft mit Lawinenschnee gefüllten Runse verlässt man ihn und begibt sich mit Markierung 7 talwärts, dabei auch noch den großen Koggraben querend. Der Weg läuft direkt in St. Anton aus. Diesen Plan sollte man natürlich schon vor Beginn der Tour parat haben, damit man sich gegebenenfalls die Anfahrt zum Hüttenparkplatz sparen kann. Die Zeitkalkulation wäre insgesamt auf etwa 5 ½ Std. zu erhöhen.

Zum Hohen Zahn Da der Pflerscher Tribulaun wegen seiner berüchtigten Brüchigkeit und der klettertechnischen Anforderungen eher nur ein Berg

Architektonisch
prägnant: die
Tribulaunhütte

zum Anschauen ist, gilt dem Hohen Zahn (2924 m) im Hüttenumkreis wohl das Hauptinteresse. Der Aufstieg erfordert etwas Trittsicherheit, ist aber frei von größeren Hürden. Man verlässt die Route zum Sandesjöchl nach links und nähert sich dem Grenzkamm, weicht später aber wieder in die Südflanke aus, um von dort den höchsten Punkt zu gewinnen. Die tolle Möglichkeit einer Verbindung zur Magdeburger Hütte (über das exponierte Band an der Weißwand) wurde bereits im vorigen Kapitel angedeutet.

Malerischer
Hüttenstandort am
Sandessee

20 FLAGGERSCHARTENHÜTTE
Hoch am Sarntaler Ostkamm

mittel | 5 Std. | 970 Hm | 19 km

AUSGANGSPUNKT
Durnholz (1558 m); Zufahrt von Astfeld im Sarntal durchs abzweigende Durnholzer Tal bis zum Parkplatz (1513 m) kurz vor dem Ort, auch Buslinie von Bozen.

GEHZEITEN
Aufstieg 3 Std., Abstieg 2 Std.

AUFSTIEGSMETER
Ab Parkplatz Durnholz 970 Hm.

ANFORDERUNGEN
Durchgängig unschwierige, aber recht lange Bergwanderung. Daher solide Kondition und Marschfreude wichtig.

KARTE
Tabacco, 1:25 000, Blatt 040 »Sarntaler Alpen«.

TOURISMUSINFORMATION
Tourismusverband Sarntal, I-39058 Sarnthein, Tel. 0471/62 30 91.

HÜTTENSTECKBRIEF
Höhe: Flaggerschartenhütte, 2481 m
Besitzer: Autonome Provinz Südtirol, erbaut 1914
Kapazität: 45 Schlafplätze
Bewirtschaftet: Ende Mai–Mitte Oktober
Winterraum: ja, offen
Telefon: 0471/62 52 51 oder 347/969 13 81

ÜBERGÄNGE
Penser-Joch-Haus (2215 m), 4 Std.;
Latzfonser-Kreuz-Hütte (2311 m), 4 Std.

GIPFELTOUREN
Jakobspitze (2742 m), 1 Std.;
Tagewaldhorn (2708 m), 1 ¼ Std.

Das südwärts Richtung Bozen mündende Sarntal ist von einem hufeisenförmigen Gebirgswall umgeben, der sich durch das Penser Joch (Straßenverbindung nach Sterzing) in zwei Äste gliedern lässt. Im höchsten Teil des Sarntaler Ostkammes, genau zwischen Tagewaldhorn und Jakobspitze, liegt die urige Flaggerschartenhütte. Sie wurde kurz vor dem Ersten Weltkrieg von den Sektionen Marburg und Siegerland des Deutschen und Oesterreichischen Alpenvereins errichtet, daher auch der alte Name Marburg-Siegener-Hütte, den man noch ab und an liest. Lange Freude war den Bauherren daran nicht beschieden, fiel das Haus doch durch die politischen Enteignungsmaßnahmen dem CAI zu – ein Schicksal, das alle ehemaligen deutschen Sektionen mit Hüttenbesitz im territorial neu formierten Süden der Alpen zu dulden hatten. Immerhin blieb die Hütte an der Uferschwelle des romantischen Flaggersees erhalten, und zwar in einer beinahe ungewöhnlichen Schlichtheit auch nach dem Umbau 1981. Das mancherorts schon verloren gegangene einfache Hüttenleben, aufs Wesentliche reduziert – hier kann man es noch erleben.

Von Durnholz durchs Seebbachtal Sicher tragen dazu auch die langen Zustiege bei, denn die Flaggerschartenhütte lässt sich nicht mal eben schnell erreichen. Schon der meistgewählte Weg vom Durnholzer See her misst an die drei Gehstunden. Damit ist man freilich noch gut bedient, denn wer von Mittewald im Eisacktal aufsteigt, hat fünf oder gar sechs Stunden zu veranschlagen. Diese Option scheidet wohl für das Gros der Wanderer aus. Also machen wir uns am Parkplatz kurz vor Durnholz auf die Beine (der Ort mit dem sehenswerten, spätgotischen Kirchturm ist autofrei) und bummeln zum Auftakt am Durn-

Die Flaggerschartenhütte wurde vor rund 100 Jahren als Marburg-Siegener-Hütte erbaut.

holzer See vorbei. Hinter dem Fischerwirt entfernen wir uns mit der links wegführenden Trasse und peilen das Seebbachtal an. Wo die Höfestraße eine Kehre beschreibt, geht's geradeaus auf breitem Güterweg weiter, der kurz vor der Seebalm (1808 m) von einem kleineren Steig abgelöst wird. Stets ein Stück oberhalb der Talsohle vollzieht er deren Biegung mit und bringt uns in den begrünten Kessel unter der Flaggerscharte. Hinter einem Geländewall wird in einer Blockmulde der Weg vom Tellerjoch aufgenommen, ehe wir die Flaggerscharte (2436 m) und kurz darauf die Hütte erreichen. Die Umgebung mit den grau-braunen Gipfeln erscheint herb, doch setzt der zauberhafte Flaggersee einen wunderbar belebenden Akzent.

Tagewaldhorn und Jakobspitze Für Wanderer, die binnen einer Woche das großartige Sarntaler Hufeisen abschreiten, ist die Flaggerscharten-hütte ein unerlässlicher Etappenstützpunkt. Nordwärts führt eine Verbindung zum Gasthaus Alpenrose am Penser Joch, südwärts hingegen zum Schutzhaus am Latzfonser Kreuz. Die Gipfelstürmer nehmen in der näheren Umgebung die beiden höchsten Erhebungen des Sarntaler Ostkammes aufs Korn, beide von der Hütte kaum viel mehr als eine Stunde entfernt und

Die Jakobspitze markiert den höchsten Punkt im Sarntaler Ostkamm.

daher für ausdauernde Geher noch im Rahmen einer Tagestour unterzubringen. Freilich kann eine Gipfelrast am frühen Morgen oder späten Abend noch viel beglückender sein ...

Zum Tagewaldhorn (2708 m) wendet man sich nordwärts, steigt kurz über eine gesicherte Felsstufe ab und lässt anschließend die Hörtlanerscharte links liegen. Mit einer Aufwärtstraverse durch typische Blockschutthänge auf den Ostgrat und in leichter Kletterei zum höchsten Punkt. Für die Jakobspitze (2742 m) ist der Nordgrat aus der Flaggerscharte die Leitlinie. Allerdings umgeht man die vorgelagerte Lorenzenspitze auf der rechten Seite. Geübte können vom Gipfel zum Tellerjoch und von dort direkt gegen den Durnholzer See absteigen.

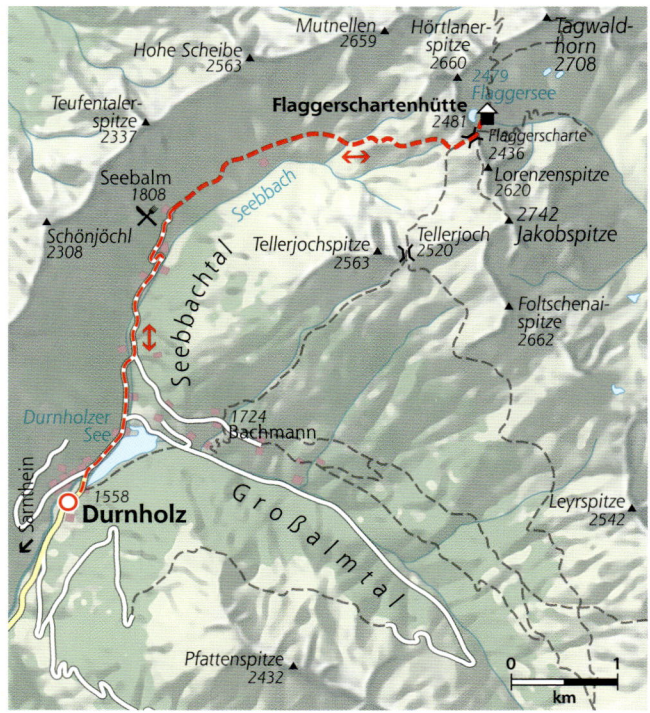

leicht   4 ¼ Std.   900 Hm   8/10 km

AUSGANGSPUNKT
Perlungerhof (1400 m) in Gereuth; Zufahrt von Brixen via Tils über eine Höfestraße. Oder beim Parkplatz Garner Wetterkreuz (1410 m); Zufahrt über Feldthurns, Verdinges und Garn. Beide Bergstraßen ohne Busanbindung.

GEHZEITEN
Aufstieg 2 ½ Std., Abstieg 1 ¾ Std.; vom Garner Wetterkreuz geringfügig länger.

AUFSTIEGSMETER
Auf beiden Routen ca. 900 Hm.

ANFORDERUNGEN
Durchwegs leichte Berg- und Karrenwege in Wald und Mattengelände. Auch für weniger Geübte geeignet, falls sie einigermaßen ausdauernd sind.

KARTE
Tabacco, 1:25 000, Blatt 030 »Brixen – Villnöss«.

TOURISMUSINFORMATION
Tourismusverband, I-39042 Brixen, Tel. 0472/83 64 01.

HÜTTENSTECKBRIEF
Höhe: Radlseehütte, 2284 m
Besitzer: AVS Sektion Brixen, erbaut 1956
Kapazität: 64 Schlafplätze
Bewirtschaftet: Mitte Mai–Anfang November
Winterraum: ja, offen
Telefon: 0472/85 52 30

ÜBERGÄNGE
Klausner Hütte (1923 m) über Latzfonser Höhenweg, 2 Std.

GIPFELTOUREN
Königsangerspitze (2436 m), ½ Std.

Nach dem Zweiten Weltkrieg begannen ganz allmählich die Aktivitäten des Südtiroler Alpenvereins – der nach und nach an ausgesuchten Standorten des Landes eigene Hütten errichtete – Früchte zu tragen. Manchmal gab es schon Vorgängerbauten, wie im Falle der Radlseehütte hoch über Brixen. Während des letzten Krieges brannte dort eine private Unterkunft ab. Freilich, dachte man sich wohl, könne ein solcher Platz nicht verwaist bleiben. Der geheimnisumwitterte Radlsee in unmittelbarer Nähe und die überwältigende Fernsicht über das Eisacktal bis in die Dolomiten, deren Paradefront vom Peitlerkofel bis zum Rosengarten mit einem Blick zu erfassen ist, üben schon eine starke Anziehungskraft aus.

Dazu kommt, dass die Radlseehütte ziemlich leicht erreicht werden kann, und zwar von verschiedenen Ausgangspunkten. Der sanfte Charakter der Sarntaler Alpen erlegt dem Wanderer keine besonderen Hindernisse auf – außer einer gewissen Summe zu bewältigender Höhenmeter natürlich. Vom nordseitigen Bad Schalders aus sind es deren gar viele, sodass diese Möglichkeit für die meisten ausscheidet. Vorteilhafter sieht die Bilanz vom Perlunger, dem höchsten Hof in Gereuth, sowie vom Garner Wetterkreuz aus, und auch von Oberschnauders kommen regelmäßig Leute hoch.

Ostanstieg vom Perlungerhof Vom Parkplatz Perlunger gehen wir an Kapelle und Hof vorbei und vertrauen uns Markierung 8 an, vorerst auf einer Forststraße. Diese wird in einer Kehre verlassen, um über den Bärengraben hinweg nach Tannefried (Kreuz) zu gelangen. Von hier haben wir zwei Möglichkeiten: entweder kurz hinüber zu einem Fahrweg und auf ihm weiter oder mit der reizvolleren Variante 8a direkter bergauf, an einem Almhüttchen vorbei

Beim Aufstieg vom Garner Wetterkreuz

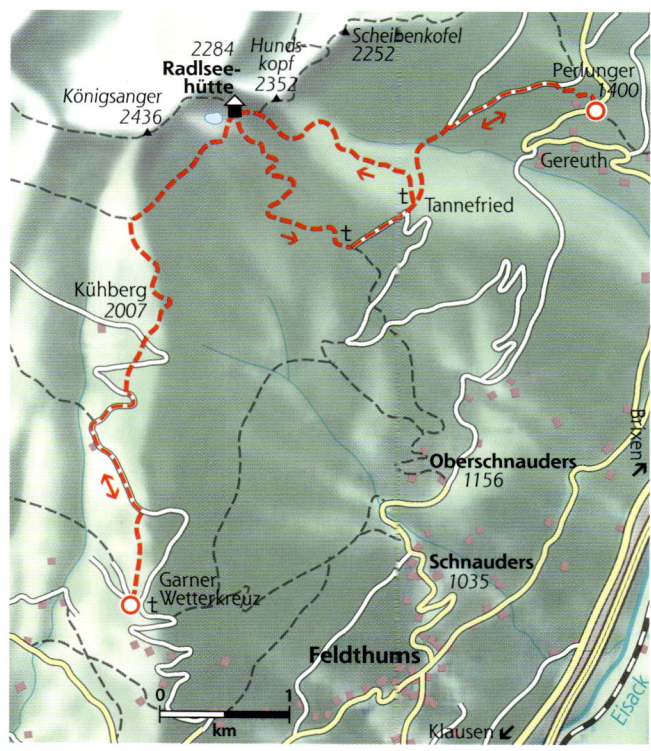

und nochmals an den Bärengraben heran. Dann links haltend zu einem freien Geländerücken und mit einer Hangquerung das letzte Stück hinüber zur Radlseehütte. Der See befindet sich knapp unterhalb in einer Mulde.

Südanstieg vom Garner Wetterkreuz Mehr von den typisch weitläufigen Hochalmfluren der Gegend sehen wir auf der Route vom Garner Wetterkreuz (Nr. 10). Streckenweise nutzen wir einen Karrenweg, kürzen in dem mäßig steilen Gelände aber immer wieder Kurven ab und gelangen rasch auf die Anhöhe des Kuhbergs (2007 m), wo der Wald endgültig zurückbleibt. Weiter in Grundrichtung Nord, sprich genau auf die Königsangerspitze zu, bis man auf den Latzfonser Höhenweg trifft. Auf ihm nach rechts nahezu hangparallel Richtung Radlsee, den man plötzlich hinter einer Geländekante gewahrt. Vielleicht wird man ihn erst umrunden, bevor man die letzten Schritte zur Hütte hinaufgeht.

Pflichtzugabe Königsangerspitze Nur eine halbe Stunde zusätzlichen Aufstiegs und wir heimsen neben einer Gipfeltrophäe eine noch umfassendere Aussicht ein – diese verlockende Offerte wird kaum jemand ausschlagen. Der Weg beschreibt oberhalb der Seemulde einen Bogen und führt dann über den gutmütigen

Nordosträcken zum Gipfel der Königsangerspitze (2436 m). Dort erst erfährt die Tour ihre Krönung.

Die Radlseehütte zählt zu den großen Panoramalogen über dem Eisacktal.

22 KLAUSNER HÜTTE, LATZFONSER-KREUZ-HÜTTE
Zum höchsten Wallfahrtsort Südtirols

leicht | 4 Std. | 730 Hm | 12 km

AUSGANGSPUNKT
Parkplatz Kühhof (1587 m); Zufahrt von Latzfons (Linienbus nur bis dort, aber im Sommer eventuell Wanderbus).

GEHZEITEN
Kühhof – Klausner Hütte 1¼ Std. – Latzfonser Kreuz 1 Std., retour 1¾ Std.

AUFSTIEGSMETER
Bis Klausner Hütte 340 Hm, bis Latzfonser-Kreuz-Hütte 730 Hm.

ANFORDERUNGEN
Durchgängig leichte, breite Wege, bis zum Latzfonser Kreuz lediglich ein Grundmaß an Ausdauer erforderlich.

KARTE
Tabacco, 1:25 000, Blatt 030 »Brixen – Villnöss«.

TOURISMUSINFORMATION
Tourismusverein, I-39043 Klausen, Tel. 0472/84 74 24.

HÜTTENSTECKBRIEF
Höhe: Klausner Hütte, 1923 m
Besitzer: CAI Sektion Bozen, erbaut 1909
Kapazität: 38 Schlafplätze
Bewirtschaftet: Mitte Mai–Ende Oktober
Winterraum: ja, offen
Telefon: 0472/54 51 94

Höhe: Latzfonser-Kreuz-Hütte, 2311 m
Besitzer: Pfarrei Latzfons, erbaut 1952
Kapazität: 45 Schlafplätze
Bewirtschaftet: Anfang Juni–Ende Oktober
Winterraum: nein
Telefon: 0472/54 50 17

ÜBERGÄNGE
Radlseehütte (2284 m) über Latzfonser Höhenweg, 2¼ Std. ab Klausner Hütte; Flaggerschartenhütte (2481 m), 4–5 Std.; Rittner-Horn-Haus (2259 m), 4½ Std. ab Latzfonser Kreuz

GIPFELTOUREN
Lorenzispitze (2483 m), ab Klausner Hütte 1½ Std.; Kassianspitze (2581 m), ab Latzfonser Kreuz ¾ Std.

Zu den bekanntesten Pilgerzielen Südtirols zählt das Latzfonser Kreuz. Weithin sichtbar lugt der rote Turm des Kirchleins über die Hangkante zu Füßen der Kassianspitze. Gleich nebenan steht eine Schutzhütte, schließlich wollen Leib und Seele zusammengehalten sein. Man schrieb das Jahr 1700, als Latzfonser Bauern – mit der dringlichen Fürbitte um Beistand von oben – ein Kruzifix herauftrugen. Drei aufeinanderfolgende Ernten waren ihnen durch schwere Unwetter zerstört worden. Auf diese Weise glaubten sie, unheilvolle Gewitter abwenden zu können und ihr Hab und Gut fortan beschützt zu wissen. Aus dieser Tradition entwickelte sich allmählich eine richtige Wallfahrt. Im Jahr 1743 wurde das erste Kirchlein gebaut, dessen Nachfolger im neugotischen Stil aus dem Jahr 1868 noch heute in den Sommermonaten den »Schwarzen Herrgott« beherbergt. Später kam ein Hospiz dazu, um den immer zahlreicher werdenden Wallfahrern Unterkunft zu bieten, lange bevor die Alpenvereine damit begannen, das Gebirge für Wanderer und Bergsteiger zu erschließen. Mittlerweile steht die dritte Hüttengeneration an dieser Stelle, heute natürlich längst zu touristischer Funktion gewandelt, wenngleich auch die traditionelle Wallfahrt weiterhin lebendig geblieben ist. Das kann man etwa am Wochenende nach Fronleichnam beobachten, wenn der »Schwarze Herrgott« in einer feierlichen Prozession in sein Sommerquartier gebracht wird, oder am Magdalenentag im Juli.

Über den Kreuzweg von Latzfons Die meisten Wanderer kommen von Latzfons über die Klausner Hütte und den Kreuzweg herauf. Günstiger Startpunkt ist der Kühhof eine Gehstunde oberhalb des Dorfkerns, auf guter Straße mit dem Auto erreichbar. Die Strecke zur Klausner Hütte ist ein beschaulicher Gang durch Wald und Wiesenfluren mit malerischen Schupfen, dabei niemals steil. Es gilt Markierung 17. Wir können uns so richtig hineinfühlen in die liebliche Landschaft der Sarntaler Alpen, die kaum mit

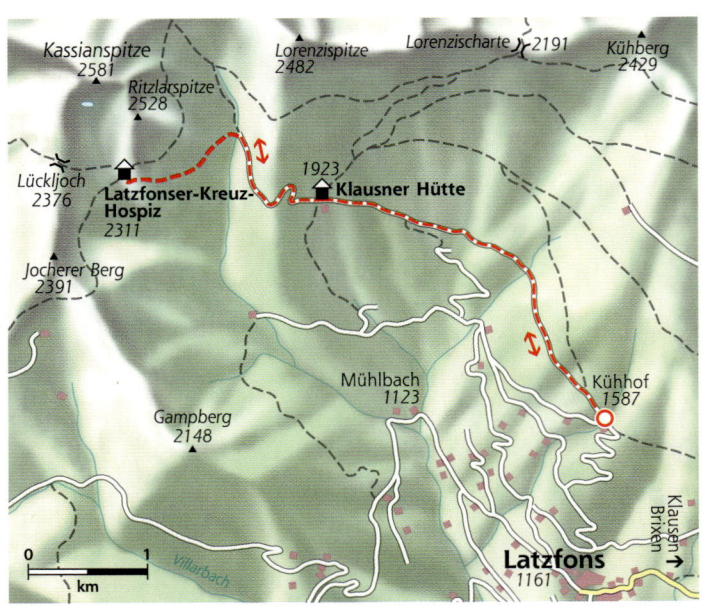

Spektakulärem aufwartet. Dafür sind gegenüber die Dolomiten zuständig. Hinter der
Klausner Hütte beginnt die breite Trasse zeitweise etwas steiler anzusteigen. Wir passieren
die Rungger Hütten, überschreiten die Runse
des Plankenbachs mit der Abzweigung zur
Fortschellscharte und folgen weiter den 15
Kreuzwegstationen hinauf zur Bergschulter,
wo Kapelle und Schutzhaus einträchtig ne-
beneinander stehen.

Zur Kassianspitze Beinahe obligatorischer Mit-
nahmegipfel auf dieser Tour ist die Kassianspitze (2581 m), die naturgemäß eine noch
größere Rundschau bietet. Der markierte Weg
durch die Südflanke führt am hübschen Kassi-
ansee vorbei und steilt am Ende etwas auf, ohne
jedoch nennenswerte Hindernisse anzubieten.
Unterm Gipfelkreuz ist gut rasten, und falls sich
ein Gewitter ankündigt, weiß man ja, wo man
schleunigst Schutz zu suchen hat …

Das Latzfonser Kreuz
ist als Wallfahrer- und
Wanderziel in Südtirol
berühmt.

Gleich nebenan steht
die Schutzhütte.

VON REINSWALD

Weniger frequentiert ist der westsei-
tige Anstieg aus dem Durnholzer Tal
zum Latzfonser Kreuz. Von Reinswald
(1558 m) folgt man entweder dem Lauf
des Getrumtales oder schwenkt über den
Höhenweg von der Seilbahnstation in
dessen hinteren Teil ein. Von der einfach
bewirtschafteten Getrumalm (2094 m)
weiter zum Lückl (2378 m) und von dort
leicht fallend hinüber zum Zielpunkt.
Je nach Variante dauert dieser Aufstieg
2–2 ¾ Std.

23 RITTNER-HORN-HAUS
Auf einen hochgerühmten Aussichtsberg

leicht | **3 ¾ Std.** | **720 Hm** | **11/12 km**

AUSGANGSPUNKT
Pemmern (1538 m), Talstation der
Seilbahn auf die Schwarzseespitze;
Zufahrt von Bozen über Klobenstein
(auch Busverbindung). Alternativ:
Gasserhütte (1744 m); Zufahrt von
Klausen über Villanders.

GEHZEITEN
Aufstieg von Pemmern und ab
Gasserhütte jeweils 2 ¼ Std., ab
Schwarzseespitze nur 1 Std.,
Abstieg 1 ½ Std.

AUFSTIEGSMETER
Ab Pemmern 720 Hm, ab Schwarzseespitze 240 Hm; ab Gasserhütte 520 Hm.

ANFORDERUNGEN
Ganz leichte, nur mäßig steile Wander-
wege, zwischendurch auch Fahrpiste;
für jedermann begehbar.

KARTE
Tabacco, 1:25 000, Blatt 034 »Bozen –
Ritten« oder 040 »Sarntaler Alpen«.

TOURISMUSINFORMATION
Tourismusverein Ritten, I-39054
Klobenstein, Tel. 0471/35 61 00.

HÜTTENSTECKBRIEF
Höhe: Rittner-Horn-Haus, 2259 m
Besitzer: CAI Sektion Bozen, erbaut 1893
Kapazität: 46 Schlafplätze
Bewirtschaftet: Anfang Juni–Anfang
November
Winterraum: nein
Telefon: 0471/35 62 07

ÜBERGÄNGE
Stöfflhütte (2057 m), 2 ¼ Std.;
Latzfonser-Kreuz-Hütte (2311 m),
4 ½ Std.

GIPFELTOUREN
Sarner Scharte (2460 m), 2 ¼ Std.

Am höchsten Punkt des Rittner Horns baute
der Österreichische Touristenklub 1893
ein Gipfelhaus.

Das »Horn« im Namen lässt sich wohl nur als maßlose Übertreibung wer-
ten, denn behäbiger als das Rittner Horn kann ein Berg eigentlich kaum
sein. Die flache Kuppe bildet den südlichen Ausläufer des Sarntaler Ostkammes, bevor sich dieser über die Rittner Hochfläche mit ihren Streu-
weilern bis gegen den Bozener Talkessel absenkt. Hier besitzt Südtirol fast
Mittelgebirgscharakter, aber auch ohne alpintypisches Antlitz lässt sich
einiger Ruhm einheimsen. Schließlich stellt sich unmittelbar gegenüber,
auf der anderen Seite des Eisacktales, jede Menge formgewaltige Prominenz
zur Schau: Peitlerkofel, Geislerspitzen, Sella, Langkofel, Marmolada,
Schlern, Rosengarten und Latemar – die Reihe der westlichen Dolomiten-
bastionen ist eine wahrhaft illustre Gesellschaft. Und beinahe endlos reicht
der Blick in südliche Gefilde, wo die Horizontlinie irgendwo im Dunst
verschwimmt.

Nicht umsonst wählte der Österreichische Touristenklub schon anno 1893
den Gipfel des Rittner Horns als Standort für ein Schutzhaus. Man erkennt
es von Weitem als ulkigen Würfel, wie er irgendwie verloren auf der weit
ausladenden Bergkuppe steht. Alpinistische Ambitionen sind hier also
fehl am Platz – was zählt, ist allein die Schau. Und die gehört eben zu den
besten in ganz Südtirol!

Südanstieg von der Rittner Hochfläche Mit einer Seilbahnfahrt von Pemmern auf
die Schwarzseespitze (2071 m) kann man die Tour zum Rittner-Horn-Haus
auf einen Bergspaziergang reduzieren: Höchstens eine Gehstunde und man
ist oben. Wem dieses Vorgehen gar zu primitiv ist, der startet direkt in Pemmern und folgt der Bezeichnung 1. Nach anfänglichem Fahrweg geht es ein
gutes Stück über Wiesen, bis man erneut auf einen breiten Wirtschaftsweg
trifft, der westseitig um die Schwarzseespitze herumzieht. Bei einem Gelän-
desattel mit großer Kreuzung mündet der kurze Zugang von der Bergstation.
Wenige Schritte weiter erwartet das Unterhornhaus (2042 m) seine Gäste.

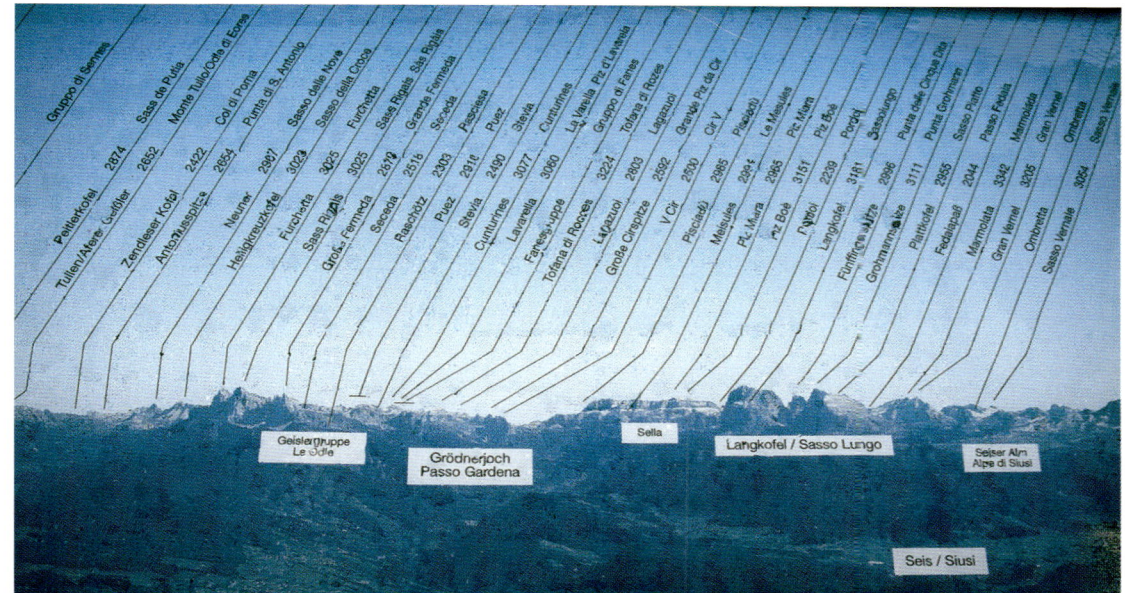

Wir stehen nun vor der Südabdachung des Rittner Horns, die auf eingefriedetem Weg begangen wird (zur Vermeidung von Erosionsschäden Trasse nicht verlassen). Am höchsten Punkt angekommen, darf der Südtirolkenner in Erinnerungen schwelgen, während dem geografisch Unbeleckten das Panorama auf mehreren Tafeln im Detail erklärt wird. Ein Gipfelbestimmungsspiel nach dem Motto: Da war ich schon, da möcht' ich hin ...

Stiller von der Gasserhütte Wer dem Trubel auf dem Südanstieg, wo nicht selten regelrechte Völkerwanderungen stattfinden, lieber ausweichen will, kann sich eine Alternativroute ausgucken. Zum Beispiel jene vom Berggasthaus Gasserhütte (1744 m). Man steuert dabei mit Markierung 7 zunächst den Gasteiger Sattel (2056 m) am Kreuzungspunkt mehrerer Wege an und nähert sich anschließend genau von Norden dem Rittner Horn, das auch von dieser Seite seinem Charakter treu bleibt. Über weitläufige Hochweiden zur seichten Kammschwelle des Sattelbergs, durch die nächste schwache Einsenkung und zuletzt leicht links eindrehend zur Gipfelhütte. Wer dort einmal übernachtet, erlebt mit den Dämmerungsstunden, dem Vergehen des alten und Erwachen des neuen Tages sicherlich die schönsten Stimmungen, die das Rittner Horn zu bieten hat.

Auf Panoramatafeln wird uns die Gipfelwelt detailliert erklärt.

24 ÜBERETSCHER HÜTTE
Am Ostabbruch des Mendelkamms

leicht 4 ½ Std. 450 Hm 15 km

AUSGANGSPUNKT
Mendelpass (1363 m), Straßen-verbindung zwischen Kaltern und Fondo im Trentiner Val di Non, Standseilbahn von Kaltern-St. Anton. Man kann von der Scheitelhöhe auch noch bis zum Parkplatz des Halbweglifts (1368 m) fahren.

GEHZEITEN
Mendelpass – Überetscher Hütte 2 ½ Std., zurück 2 Std.; Abstieg nach St. Anton 3 Std.

AUFSTIEGSMETER
Etwa 450 Hm ab Mendel; Abstieg via Göllersteig 1260 Hm.

ANFORDERUNGEN
Vom Mendelpass sehr leichte, unbeschwerliche Wanderung auf meist flachen Wegen. Für den Abstieg über den steilen Göllersteig braucht es Trittsicherheit (Bewertung mittel).

KARTE
Tabacco, 1:25 000, Blatt 049 »Südtiroler Weinstraße«.

TOURISMUSINFORMATION
Tourismusverein, I-39052 Kaltern, Tel. 0471/96 31 69.

HÜTTENSTECKBRIEF
Höhe: Überetscher Hütte, 1773 m
Besitzer: CAI Sektion Bozen, erbaut 1912
Kapazität: 30 Schlafplätze
Bewirtschaftet: Mitte Mai–Ende Oktober
Winterraum: nein
Telefon: 0471/81 20 31

GIPFELTOUREN
Monte Roèn (2116 m), über Klettersteig 1 Std., über Normalweg 1 ½ Std.; Schwarzer Kopf (2030 m) über Gamssteig, 1 ½ Std., auch Überschreitung vom Monte Roèn möglich

Den Kalterer See zu Füßen, beherrscht der lang gestreckte Mendelkamm den Süden Südtirols – das »Unterland«, wie die Gegend auch genannt wird. Die sanft abdachende Westflanke gehört schon zum Trentino. Auf der Südtiroler Ostseite hingegen zeigt der Mendelkamm schroffe Felsabbrüche über einem dichten, hoch reichenden Waldsockel. Auch wenn die absolute Höhe nicht wesentlich über 2000 Meter hinausgeht, fällt die Differenz zum tiefen Etschtalgraben durchaus ins Gewicht. Touren am Mendelkamm von ganz unten sind demnach auf jeden Fall anstrengend, das gilt auch für die Anstiege zur Überetscher Hütte vom Gummerer Hof oder von Altenburg aus. Da schlagen immerhin mehr als 1000 Höhenmeter zu Buche, schweißtreibend, zumal die Sonne in der Ostflanke mit Vorliebe schon vom Morgen an kräftig einheizt. Doch gibt es ja auch eine lockere Variante, und zwar den durch parkähnliche Landschaft verlaufenden Höhenspaziergang vom Mendelpass.

Höhenwanderung von der Mendel Die Mendel wurde bereits vor gut 100 Jahren mit einer Standseilbahn erschlossen, damals eine außergewöhnliche technische Pionierleistung: 850 Meter Höhenunterschied bei einer Maximalsteigung von 64 Prozent. So stehen wir am Ausgangspunkt schon ein ordentliches Stück über all den malerischen Dörfern, Rebbergen und Obstplantagen des Überetsch, erhaschen erste Blicke bis in die Dolomiten und machen uns auf den beschaulichen Weg über den plateauartigen Kammzug zum Monte Roèn. Mit Markierung 500 (ehemals 521) wird das erste Stück an zahlreichen Ferienhäusern und der Enzianhütte (1421 m) vorbei auf breiter Trasse zurückgelegt. Überwiegend durch schattigen Wald steuert man die Jausenstation Halbweghütte (1585 m) an, für die ganz Bequemen auch per Sessellift zu erreichen. Kurz darauf weisen zwei Abzweigungen zu einem schönen Aussichtspunkt an der Abbruchkante sowie zum Prazöllsteig (Nr. 538), der zu den steileren Routen am Osthang zählt. Für uns ist die an einem Wiesensattel gelegene, ebenfalls bewirtschaftete Malga di Romeno (1768 m) das nächste Etappenziel. Bis dorthin haben wir ganz allmählich 400 Höhenmeter gewonnen. Während der als Sentiero Italia ausgewiesene 500er nun weiter zum Monte Roèn ansteigt, folgen wir linker Hand dem Fahrweg annähernd horizontal zur kleinen Überetscher Hütte, die im Jahr 1912 auf eine bewaldete Hangterrasse im Ostabsturz des Monte Roèn gebaut wurde. Hier liegen uns das Etschtal und der Kalterer See, bekannteste Weinbauregion Südtirols, unmittelbar zu Füßen. Und gegen einen würzigen Traminer oder einen Vernatsch wäre jetzt doch sicher nichts einzuwenden, dazu eine deftige Marende …

Auf den Monte Roèn Als Hausberg ist der Monte Roèn (2116 m), seines Zeichens höchster Punkt im gesamten Mendelkamm, wahlweise über einen harmlosen Wanderweg (Abzweig wie erwähnt bei der Malga di Romeno) oder ab Überetscher Hütte direkter über einen Klettersteig zu erreichen. Die Ferrata gehört in ihrer Kategorie zwar zum Leichteren, darf aber nicht mit herkömmlichen Wanderwegen gleichgesetzt werden. Ein Schrofensteig führt an den felsigen Ostabbruch heran, deren kapitalste Wandpartien auf einem Band ausgetrickst werden. Durch eine seichte, schrofige Steilrinne gelangt man schließlich zum Ausstieg auf den breiten, von Wiesen und Latscheninseln überzogenen Gipfelrücken. Der Rundblick ist herrlich!

Am Fuße der schroffen Ostabstürze steht die Überetscher Hütte.

Über die Normalroute kann anschließend gleich der Rückweg zur Mendel eingeleitet werden. Mit dem Göllersteig kommt jedoch auch eine andere Option als Abstiegsvariante infrage. Bezeichnung 523 beginnt unmittelbar bei der Überetscher Hütte und führt phasenweise rup-pig im Bergwald tiefer. Man passiert das Taurisjoch (1506 m) zwischen den Kuppen des Kleinen und Großen Göller (Paterkopf) und trifft weit unten auf den quer laufenden Ziegelstadelweg. Mit ihm ins Ortsgebiet von Kaltern-St. Anton und zur Talstation der Standseilbahn.

Beim Aufstieg zum Monte Roèn

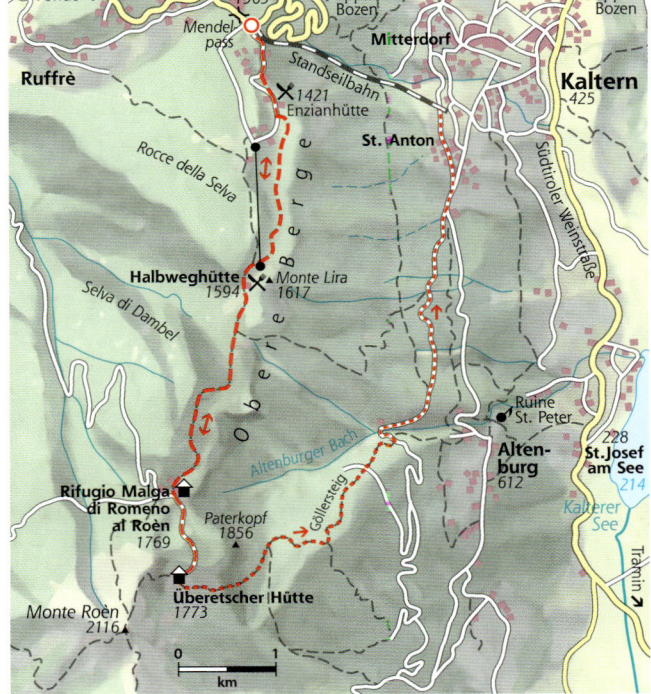

25 RIFUGIO TORRE DI PISA
Zur kleinen Hütte am Latemargrat

mittel — **4 Std.** — **600 Hm** — **6 km**

AUSGANGSPUNKT
Obereggen (ca. 1550 m), Talstation des Sessellifts nach Oberholz (2090 m); Zufahrt durchs Eggental und via Rauth (auch wenige Buskurse). Mit dem Auto Anfahrt bis Epircher Laner (1826 m) bzw. bis unterhalb der Meierlalm gestattet.

GEHZEITEN
Aufstieg ab Oberholz über Gamsstallscharte 2½ Std., Abstieg über Normalweg 1½ Std.

AUFSTIEGSMETER
Ab Oberholz 600 Hm.

ANFORDERUNGEN
Markierte, streckenweise steile Steige, auf der Anstiegsroute mit kurzen Felsstellen gewürzt. Trittsicherheit unbedingt erforderlich, in gewissem Maß auch für den üblichen Weg (hier im Abstieg). Vorsicht bei etwaigen Schneefeldern.

KARTE
Tabacco, 1:25 000, Blatt 029 »Schlern – Rosengarten – Latemar – Regglberg«.

TOURISMUSINFORMATION
Tourismusverein, I-39056 Welschnofen, Tel. 0471/61 31 26.

HÜTTENSTECKBRIEF
Höhe: Rifugio Torre di Pisa, 2671 m
Besitzer: privat, erbaut 1980
Kapazität: 20 Schlafplätze
Bewirtschaftet: Mitte Juni–Mitte Oktober
Winterraum: nein
Telefon: 0462/50 15 64

ÜBERGÄNGE
Bivacco Latemar (2365 m), 1¼ Std.; Bivacco Rigatti (2620 m), wahlweise über Klettersteig, 2–3 Std., Fortsetzung bis zum Karerpass zusätzlich 3 Std.

GIPFELTOUREN
Cima Valsorda (2752 m), Kletterei I–II (brüchig), 1 Std.; Reiterjochspitze (2799 m), Steigspuren und etwas Kletterei, 1½ Std.; Diamantiditurm (2842 m), teilweise Klettersteig, 2¼ Std.

Diese kleine, am hohen Kamm des Latemar klebende Hütte gehört eigentlich zum Trentino. Da sie aber fast genau auf der Provinzgrenze steht und auch von Südtiroler Seite her regelmäßig besucht wird, soll sie in diesen Band aufgenommen werden. Das Rifugio Torre di Pisa, benannt nach einem nahen Felsturm, der schiefer anmutet als sein von Menschenhand geschaffenes Gegenstück in der Toskana, ist zwischen 1972 und 1980 in Privatinitiative errichtet worden. Unermüdlich arbeitete der aus Predazzo im Val di Fiemme stammende Camillo Gabrielli an der Verwirklichung seines Traumes und schuf damit für alle Bergfreunde auch im häufig vernachlässigten Latemar einen vollwertigen Stützpunkt. Beeindruckend ist die Lage am Kamm des Cavignon, nach drei Seiten vollkommen offen und daher ungewöhnlich aussichtsreich. Hier kann man perfekte Sonnenauf- und Sonnenuntergangsstimmungen einfangen.

Rundtour von Oberholz An der Skisportstation Obereggen mit seinen Gasthäusern und Hotels hüpfen wir in den Sessellift, der uns über gute 500 Höhenmeter nach Oberholz hinaufträgt. Dort lassen wir nacheinander die Wege zur Meierlalm sowie zum Rifugio Torre di Pisa (kürzeste Route) abziehen und wählen die Bezeichnung 18. In Serpentinen geht es an der schuttreichen Berglehne des Eggentaler Horns aufwärts. Rechts haltend gelangen wir über einige muldenartige Geländeabstufungen in ein wildes, bizarres Felslabyrinth, den so genannten Gamsstall. Sehr spannend in einer Blockgasse zwischen Zacken hindurch und aus der hinteren Karmulde, zuletzt durch eine steile Rinne, in die Gamsstallscharte (2560 m). Der Blick auf die andere Seite nimmt sich verblüffend aus, denn hier dominiert der weite, öde Valsordakessel, gewissermaßen die Trentiner Rückseite des Latemar. Wir verlieren ein paar Meter und stoßen auf den wichtigen Querweg Nr. 516, der über die flache, steinerne

Bizarre Felstürme unweit der Hütte

Terrasse verläuft. Auf ihm rechts, also südwärts, und im Bogen um die Cima Valsorda herum. Dabei sind noch ein paar Kraxelstellen zu meistern, ehe wir die Kammhöhe und wenige Schritte weiter das Rifugio Torre di Pisa, im deutschsprachigen Raum mitunter auch als Latemarhütte bezeichnet, erreichen. Will man auf diesen relativ anspruchsvollen Zugang verzichten, bleibt noch der Normalweg, der nachfolgend im Abstieg beschrieben ist. Man muss aber auch hier in den steileren Passagen Vorsicht walten lassen. Zunächst geht es südseitig auf einem Serpentinenweg abwärts, bevor wir uns an einer unbeschilderten Abzweigung am besten rechts halten und bald in bzw. neben einer steilen Rinne bis in eine Karbucht absteigen. Wir gehen den Bogen knapp oberhalb der Skiliftstation aus (der talwärts führende Weg hat die nahe Meierlalm zum Ziel) und vollenden die Traverse auf Route Nr. 22 Richtung Oberholz.

Gipfeltouren im Latemar In großem Halbrund umschließt der Hauptkamm des Latemar den Karstkessel von Valsorda, eine fast trist wirkende Gipfellinie überhöht diese Geländeschüssel nur relativ bescheiden. Ganz anders als drüben auf der Schauseite zwischen Karersee und Obereggen, wo mächtige Strebepfeiler das Bild beherrschen. Bei einigen Gipfeln ist zwar handfeste Kletterei erforderlich, doch meistens hat man sich mit brüchig-splittrigen Schrofen

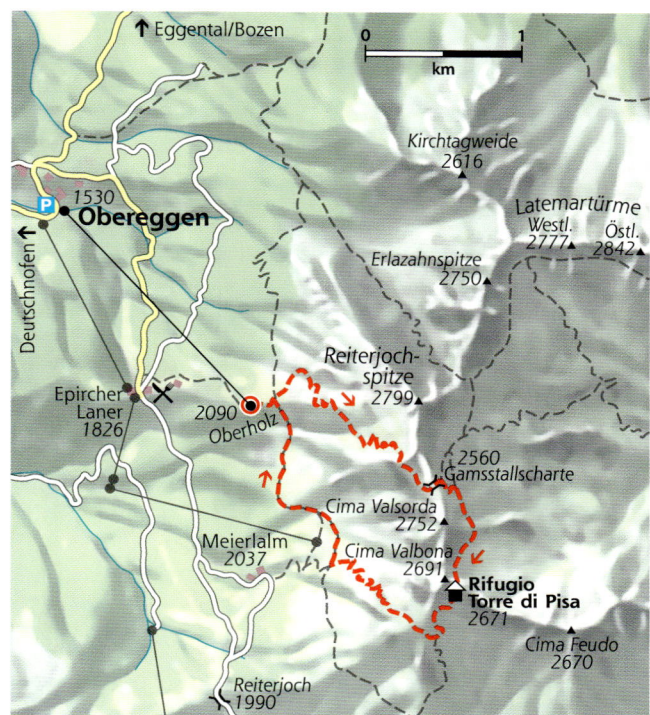

auseinanderzusetzen. Am empfehlenswertesten erscheint mir im Zusammenhang mit der Hüttentour ein Abstecher auf die Reiterjochspitze (2799 m), am leichtesten über die Ostflanke (Steigspuren), etwas kniffliger über den Südgrat direkt aus der Gamsstallscharte.

Das kleine Rifugio Torre di Pisa am Latemar wurde durch Privathand errichtet.

26 ROSENGARTENHÜTTE, SANTNERPASSHÜTTE
Durch die Westabstürze des Rosengartens

● 🕐 ⛰ 🥾 🚡 ⛏ 🪜
schwierig 5 Std. 900 Hm 7 km

AUSGANGSPUNKT
Frommer Alm (1743 m), Talstation des Sessellifts zur Rosengartenhütte (2339 m); Zufahrt über die Nigerpassstraße zwischen Tiers und dem Karerpass (auch Bus).

GEHZEITEN
Aufstieg ab Rosengartenhütte 2 Std., Rückweg über Tschagerjoch 3 Std., direkt 1 ½ Std.

AUFSTIEGSMETER
Bis Santnerpass 450 Hm, Rundtour 450 Hm zusätzlich.

ANFORDERUNGEN
Klettersteig mittlerer Schwierigkeit, für Wanderniveau bereits sehr anspruchsvoll. Exponierte Felspassagen, teilweise auch ohne Sicherungen (I. Grad) verlangen absolute Schwindelfreiheit und Trittsicherheit. Nur für erfahrene Bergsteiger, bei Vereisung gefährlich!

KARTE
Tabacco, 1:25 000, Blatt 029 »Schlern – Rosengarten – Latemar – Regglberg«.

TOURISMUSINFORMATION
Tourismusverein, I-39056 Welschnofen, Tel. 0471/61 31 26.

HÜTTENSTECKBRIEF
Höhe: Rosengartenhütte, 2339 m
Besitzer: Autonome Provinz Südtirol, erbaut 1899
Kapazität: 50 Schlafplätze
Bewirtschaftet: Ende Juni–Ende September
Winterraum: nein
Telefon: 0471/61 20 33

Höhe: Santnerpasshütte, 2734 m
Besitzer: privat, erbaut 1965
Kapazität: 8 Schlafplätze
Bewirtschaftet: Ende Juni–Mitte/Ende September
Winterraum: nein
Telefon: 0471/64 22 30

ÜBERGÄNGE
Rotwandhütte (2280 m) über Hirzlweg, 2 Std.; Rifugio Vajolet (2243 m) über Tschagerjoch 2 Std., vom Santnerpass durchs Gartl 1 Std.

GIPFELTOUREN
Rosengartenspitze (2981 m), Kletterei bis III, ab Santnerpasshütte 2 Std.

Ein ungemein attraktives Bild entsendet die Rosengarten-Westfront ins Tierser Tal und bis hinaus nach Bozen, besonders beim abendlichen Schauspiel des Alpenglühens, das uns unweigerlich die alte Laurinsage in Erinnerung zurückruft. Die Mystik des Rosengartens scheint ungebrochen, ungeachtet der Menschenmassen, die ihn alljährlich überrennen. Zugestanden: Die Landschaftsbilder sind schlicht und einfach grandios. Hoch oben in der Skyline zwischen Rosengartenspitze und Laurinswand ist der Santnerpass eingeschnitten, ursprünglich kein Pass im Sinne eines herkömmlichen Übergangs, wie man in Anbetracht der schroffen Westabstürze schon vermuten könnte. Dies wurde er erst mit der Anlage eines Klettersteiges, der eine kühne Diagonale durch den Wandsockel der Rosengartenspitze zieht. Und oben am Ausstieg steht die kleine Santnerpasshütte, nahe der Abbruchkante und damit wohl an einem der spektakulärsten Hüttenstandorte, die in den Dolomiten überhaupt zu finden sind. Von der Trentiner Rückseite ist sie durchs Gartl auch etwas leichter zu erreichen. Die Rosengartenhütte, am Fuße der hoch aufschießenden Felsmassen gelegen, stammt in ihrer heutigen Form aus der gleichen Epoche wie die Santnerpasshütte, besitzt aber wesentlich ältere Wurzeln. 1899 baute die Sektion Rheinland an dieser Stelle die Kölner Hütte. Abgebrannt 1966, stellte die mittlerweile zuständige Sektion Verona bereits drei Jahre später einen Neubau hin. Als Bergsteigerstützpunkt erscheint das Haus angesichts der Vereinigung mit einer Liftstation heute entwertet. Tagsüber geht es zu wie im Taubenschlag. Allerdings wäre folgende Überlegung anzustellen: Wer hier übernachtet, wird für den stark frequentierten Santnerpass-Klettersteig am nächsten Morgen noch vor Inbetriebnahme des Liftes die Nase vorn haben – unter Umständen ein beträchtlicher Vorteil.

Über den Santnerpass-Klettersteig Gleich hinter der Rosengartenhütte erwartet uns eine erste kleine Kostprobe, wenn mit Drahtseilhilfe ein Felsriegel erstiegen wird. Danach teilen sich die Routen zum Tschagerjoch und Santnerpass. Wir halten uns links und verlieren während der Querung über die breite Schutterrasse in nördlicher Richtung wieder ein paar Höhen-

meter. Nach Einstieg in die Felsen geht es hart an den Wänden entlang über ein schräg ansteigendes Band aufwärts (anfangs kaum Sicherungen). Man kraxelt über eine Rippe bei einem Felszacken hinweg, hält sich weiter an der Wand und peilt das nächste Schärtchen zwischen ihr und einem abgespaltenen Zacken an. Jenseits erfolgt ein kurzer Zwischenabstieg in die so genannte Eisrinne, die im Laufe der Saison meist ausapert und ihren Schrecken dann verliert. An den gegenüberliegenden Felsen ist nochmals voller Einsatz gefragt, bevor wir über gegliederte Wandstufen, Rippen und zuletzt am Rande einer Rinne zum Ausstieg auf den Santnerpass gelangen. Wenige Meter nach links steht die Hütte.

Kleine Rosengarten-Runde Da der Klettersteig im Abstieg keinesfalls leichter, aufgrund des Gegenverkehrs sogar recht kritisch ist, empfiehlt sich die Rundtour via Rifugio Vajolet und Tschagerjoch. Sie bietet darüber hinaus faszinierende Impressionen aus dem Herzen des Rosengartens. Dieser Titel steht speziell dem Gartl zu, einem Hochkar, in das wir gleich unterhalb des Santnerpasses hineinkommen. Hingucker schlechthin sind die steinernen Flammen der Vajolettürme! Vorbei an der Gartlhütte (Rifugio Re Alberto I, 2621 m) treten wir in die steilere, stellenweise gesicherte Gartlschlucht ein, deren Auslauf unmittelbar zum Rifugio Vajolet (2243 m) leitet. Von dort auf dem Hö-

henweg unter der Ostwand der Rosengartenspitze entlang, allmählich schräg ansteigend und bei der Gabelung von Nr. 541 auf 550 wechselnd ins Tschagerjoch (2630 m) hinauf. Damit zurück auf Südtiroler Seite, wo der Steig anfangs durch eine steile Geröllrinne und schließlich rechts haltend über die geneigte Hangterrasse wieder zur Rosengartenhütte führt.

27 TIERSER-ALPL-HÜTTE, GRASLEITENHÜTTE
Am Nordende des Rosengartens

mittel · 7 Std. · 1440 Hm · 15 km

AUSGANGSPUNKT
Weißlahnbad (1173 m), im Tierser Tal;
Zufahrt von St. Zyprian (Bus bis dort).

GEHZEITEN
Weißlahnbad – Tierser-Alpl-Hütte 3 ½ Std.
– Grasleitenhütte 1 ½ Std. – Weißlahnbad
2 Std.

AUFSTIEGSMETER
Bis Tierser Alpl 1270 Hm, Übergang
170 Hm; nur Grasleitenhütte 960 Hm.

ANFORDERUNGEN
Lange Bergwanderung auf alpinen
Steigen, einige Stellen gesichert.
Trittsicherheit und gute Kondition
erforderlich.

KARTE
Tabacco, 1:25 000, Blatt 029 »Schlern –
Rosengarten – Latemar – Regglberg«.

TOURISMUSINFORMATION
Tourismusverein, I-39050 Tiers am
Rosengarten, Tel. 0471/64 21 27.

HÜTTENSTECKBRIEF
Höhe: Tierser-Alpl-Hütte, 2440 m
Besitzer: privat, erbaut 1962
Kapazität: 72 Schlafplätze
Bewirtschaftet: Anfang Juni–Mitte
Oktober
Winterraum: ja, offen
Telefon: 0471/72 79 58

Höhe: Grasleitenhütte, 2134 m
Besitzer: Autonome Provinz Südtirol,
erbaut 1887
Kapazität: 65 Schlafplätze
Bewirtschaftet: Ende Mai–Anfang Oktober
Winterraum: ja, offen
Telefon: 0471/64 21 03

ÜBERGÄNGE
Schlernhaus (2450 m), 1 ¾ Std.;
Plattkofelhütte (2300 m), 2 Std.; Rifugio
d'Antermoia (2497 m), 3 Std.; Rifugio
Vajolet (2243 m), 2 ½ Std.

GIPFELTOUREN
Großer Rosszahn (2653 m) und
Roterdspitze (2655 m), Klettersteig,
1 ½ Std. vom Tierser Alpl; Kesselkogel
(3002 m), Klettersteig, von der
Grasleitenhütte 2 ½ Std.

Das Tierser-Alpl-Joch schlägt die Brücke zwischen dem Nördlichen Rosengarten und dem Schlerngebiet einschließlich Seiser Alm und verbindet gleichzeitig das Südtiroler Tschamintal mit dem Val Duron auf Fassaner Seite. Wie oft mag ich hier schon vorbeigekommen sein? Die Bedeutung als Knotenpunkt alpiner Wanderrouten untermauerte Max Aichner, als er zwischen 1957 und 1962 an dieser Stelle eine Hütte baute. Sie gehört längst zum festen Tourenrepertoire, zumal sich der umtriebige Wirt auch bald

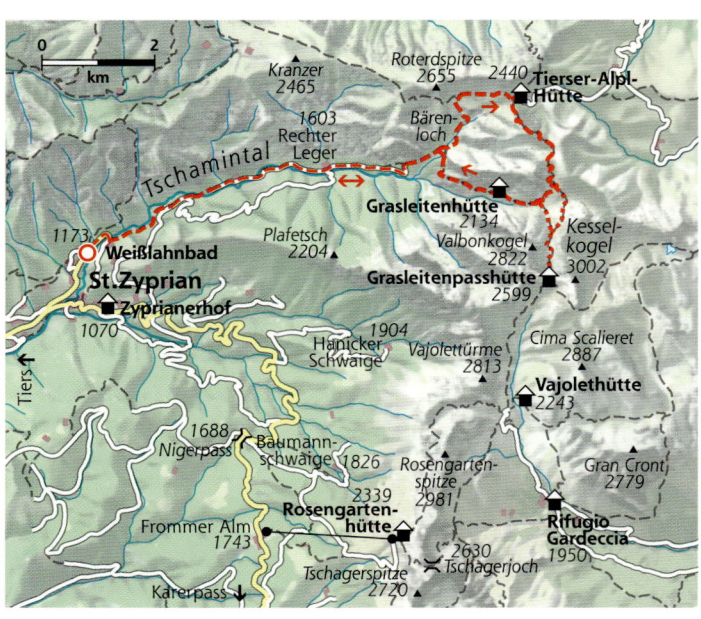

daranmachte, die Umgebung bergsteigerisch noch attraktiver zu gestalten. Direkt über den Köpfen ragt ja der Zackenkamm zwischen den Rosszähnen und der Roterdspitze in den Himmel, ideale Linie für einen prickelnden Gratklettersteig hoch über der sanft gewellten Seiser Alm. So entstand der pfiffige Maximiliansteig. Später legte der Aichner Max nach und erschloss mit der Via Ferrata Laurenzi am Molignon eine rassige Verbindung hinüber zum Rifugio d'Antermoia, die allerdings nichts für schwache Gemüter ist.

Im Gegensatz zur modernen Tierser-Alpl-Hütte ist die Grasleitenhütte wesentlich älteren Datums. Ihr Bau fällt in die klassische Zeit der Gebirgserschließung durch den Alpenverein, genauer gesagt 1887 durch die Sektion Leipzig. Die Atmosphäre ist urig, wozu sicher auch die Lage in dem fast schluchtartig zu nennenden Einschnitt zwischen Grasleitenspitzen und

Valbonkogeln beiträgt: ein wahrhaft wilder, ganz und gar dolomitisch anmutender Winkel. Beide Hütten können zu einer spannungsreichen Runde über dem hinteren Tschamintal verknüpft werden.

Am Tierser Alpl steht ein viel besuchtes Schutzhaus im Angesicht der Roterdspitze.

ZUR GRASLEITENPASSHÜTTE

Eine kleine Hütte, die hier nicht unerwähnt bleiben soll, steht unmittelbar am Grasleitenpass (2599 m). Ihr reger Zulauf kommt zur Hauptsache von Süden, durchs Vajolettal, aber auch aus dem Südtiroler Grasleitenkessel führt ein markierter Steig durch steile Schotterhalden hoch. Bei unserer Tour würde der Abstecher 1 ½ Std. extra beanspruchen. Die Grasleitenpasshütte (privat, bewirtschaftet Mitte Juni–Ende September) bietet 12 Schlafplätze; Tel. 0462 / 76 42 44.

Linke Seite:
Beim Abstieg aus dem engen Grasleitenkessel ins Tschamintal

Aus dem wildromantischen Tschamintal Die Annäherung auf dieser Route erfolgt ganz allmählich. Denn das Tschamintal, eines der schönsten Hochtäler überhaupt in den Dolomiten, zieht sich weit hinein. Vom Wanderparkplatz Weißlahnbad gehen wir zunächst zur nahen Tschaminschwaige, wo auf der rechten Bachseite ein Steig (Markierung 3) die Führung übernimmt. Nach einer Weile erreicht man wieder einen breiteren Wirtschaftsweg, überschreitet in der Folge taleinwärts noch dreimal den Tschaminbach und gelangt zur Lichtung beim malerischen Rechten Leger (1603 m). Eine Phalanx scharf geschnittener Felspfeiler beherrscht den Talschluss. Bald darauf links haltend aufwärts und in den markanten Kessel des Bärenlochs hinein. Noch im unteren Bereich gabeln sich die Routen zum Tierser Alpl und zur Grasleitenhütte. Wir geben »links« den Vorzug, zumal die Steilstufen im Bärenloch bergaufwärts für die meisten angenehmer zu begehen sind. Nach

einer begrünten Hangmulde ist der Steig in abschüssigen Felsschrofen gesichert. Schließlich erreicht man die lang gestreckte Hochmulde unter der Roterdspitze und gemeinsam mit dem vom Schlern kommenden Höhenweg nach rechts die Tierser-Alpl-Hütte mit ihrem knallroten Dach als Markenzeichen.

Von der Jochsenke, wo man erstmals auch die Langkofelgruppe erblickt, geht es südwärts an den nahen, niedrigen Schrofenriegel heran, der mit Drahtseilunterstützung rechts haltend überwunden wird. Nach einer sanfter geneigten Abdachung über den Doppelsattel des Passo Molignon (2604 m) hinweg und jenseits auf einer Zickzackspur in den fast ringsum von hohen Wänden umschlossenen Grasleitenkessel hinab. Nur nach Westen öffnet sich jetzt ein schmaler Karschlauch, durch den wir die Grasleitenhütte erreichen. Zweite Einkehr des Tages! Anschließend bleiben wir auf der rechten Seite oberhalb der sich immer tiefer einkerbenden Grasleiten-

Gesicherter Aufstieg durchs wilde Bärenloch

schlucht, nutzen begrünte Rampen am Fuße der Felsen, biegen um ein markantes Eck und gelangen damit wieder zum Auslauf des Bärenlochs. Im milden Licht der Nachmittagssonne entfaltet auch das Tschamintal neue Reize, die die schattige Morgenkühle uns noch versagte.

Alternativ von der Seiser Alm Gern wird das Tierser Alpl auch von der Seiser Alm aus besucht, zumal viele Menschen das beschauliche Wandern über die angeblich größte Hochweide Europas bevorzugen. Zweifellos verströmt sie mit ihren weit verstreuten Schwaigen und Heustadeln einen besonderen Charme, wenngleich hier durchaus nicht mehr alles »heile Welt« ist und die einstige Idylle längst ein paar Kratzer bekommen hat. Ganz leicht und bequem vollzieht sich das Ganze, wenn man von der Hotelsiedlung Compatsch auf breiten Wegen via Mahlknechthütte (2054 m) und Seiser-Alm-Haus (Casa del T.C.I., 2145 m) auf die Südseite der kariösen Rosszähne schwenkt und dort durch ein Hochtälchen von Osten her zur Hütte hinaufwandert. Eine lohnende Variante ergibt sich über die Rosszahnscharte (2499 m); jeweils ca. 2 ½ Std. Und manche schlagen sogar den ganz großen Bogen über den Schlern, womit man dann einen ganzen Tag lang beschäftigt ist, aber wohl auch die reichsten Eindrücke von der Seiser Alm und ihrer Bergumrahmung im Naturpark Schlern nach Hause trägt.

28 TSCHAFONHÜTTE
Am Tierser Hausberg

leicht | 2 ½ Std. | 560 Hm | 7 km

AUSGANGSPUNKT
Weißlahnbad (1173 m); Zufahrt aus dem Tierser Tal von St. Zyprian auf kurzer Stichstraße. Alternativ in Tiers (1014 m), hierher auch Bus von Bozen.

GEHZEITEN
Aufstieg 1 ½ Std., Abstieg 1 Std.

AUFSTIEGSMETER
Ab Weißlahnbad 560 Hm.

ANFORDERUNGEN
Breiter, aber streckenweise recht steiler Karrenweg, manchmal auch parallel geführter Wanderweg. Keine besonderen Anforderungen.

KARTE
Tabacco, 1:25 000, Blatt 029 »Schlern – Rosengarten – Latemar – Regglberg«.

TOURISMUSINFORMATION
Tourismusverein, I-39050 Tiers am Rosengarten, Tel. 0471/64 21 27.

HÜTTENSTECKBRIEF
Höhe: Tschafonhütte, 1733 m
Besitzer: privat, erbaut 1912
Kapazität: 15 Schlafplätze
Bewirtschaftet: Anfang April–Anfang November
Winterraum: nein
Telefon: 347/813 11 52

ÜBERGÄNGE
Schlernhaus (2450 m), entweder über Hammerwand und Mittagskofel oder mit Querung zum Knüppelsteig, 4–5 Std.

GIPFELTOUREN
Völseggspitze (1834 m), 20 Min.;
Hammerwand (2128 m), 1 ½ Std.

Auf einer Lichtung unter dem massigen Hammerwandzug, direkt nördlich über Tiers, steht eine besonders urige Hütte. Fast verwundert es, dass bei ihrer relativ raschen Erreichbarkeit und der außerordentlichen Popularität des nahen Rosengartens noch kein modernes Gasthaus daraus geworden ist. Aber dies liegt wohl an der Philosophie der Bewirtschafter, die sich der Tradition verpflichtet fühlen. Seit über einem halben Jahrhundert befindet sich die Tschafonhütte in der Hand der Lungers. Ein Gewächshaus gleich neben der Berghütte, in dem Salat, Kräuter und Gemüse gedeihen, ist wohl schon etwas Ausgefallenes! Freilich ist die sonnige, südseitige Lage und das relativ milde Klima des Tierser Tals ein Garant dafür, dass der Anbau auch auf 1733 Meter Höhe funktioniert. Die Tschafonhütte ist vor allem als Ausflugsziel beliebt, zur Nacht indessen bleiben wenige. Allzu große Schlafkapazitäten sind ohnehin nicht vorhanden, alles strahlt hier Beschaulichkeit und Intimität aus. Aber warum nicht einmal oben verweilen, zum Sonnenuntergang noch auf die Völseggspitze und anderntags vielleicht die Hammerwand-Überschreitung oder den Übergang zum Schlern anpacken ...

Von Weißlahnbad oder direkt von Tiers Der kürzeste Anstieg führt von Weißlahnbad zur Tschafonhütte – eine Route, die eigentlich gar keiner ausführlichen Beschreibung bedarf. Der breite Weg hinauf kann kaum verfehlt werden. Das erste Teilstück bringt uns zur Wiese des Wunlegers, wobei man zwischendurch immer wieder innehalten muss, um sich nach der Prachtkulisse des Rosengartens umzudrehen. Oberhalb einer Schleife mündet Weg Nr. 4 von Tiers, der zuvor an der Pestkapelle des Heiligen Sebastian Station gemacht hat. Nun kann man je nach Gusto weiter dem teilweise steil anziehenden Güterweg folgen oder auf den Wanderpfad ausweichen. Dieser schlängelt sich durch die bewaldete Südflanke, gibt ab und zu schöne

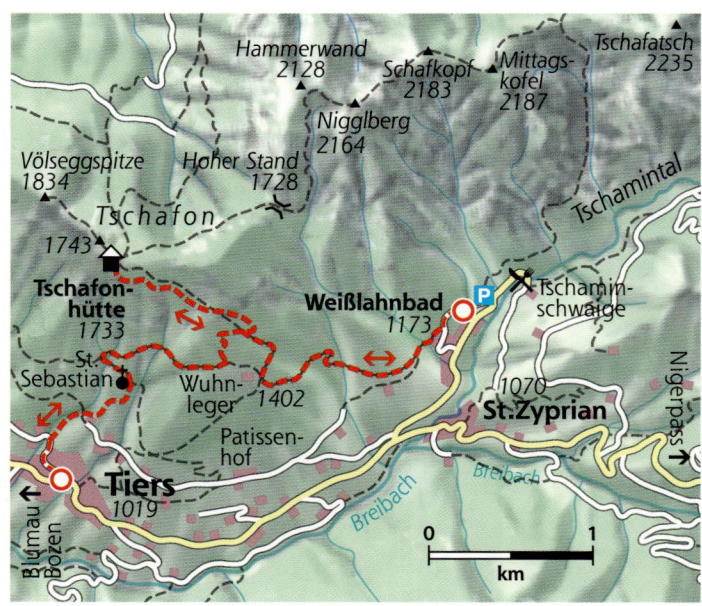

Über dem Tierser Tal steht die Rosengartenkette Parade.

Ausblicke frei und leitet durch ein Gatter auf die Wiesen bei der Tschafonhütte. Welch idyllisches Fleckchen!

Aussichtspunkt Völseggspitze Einen kleinen Abstecher dürfen wir auf keinen Fall versäumen, wenn wir zur Tschafonhütte kommen. Er verlangt auch nicht viel Mühe, nur 100 zusätzliche Höhenmeter. Im dichten Wald ahnt man noch nichts von seinem Glück. Doch dann erreicht man plötzlich eine Kanzel, wo sich ein hinrei-ßendes Panorama weit über Südtiroler Lande öffnet. Besonders instruktiv überblickt man die Topografie des tiefen Eisacktales mit seinen grün gescheckten Mittelgebirgsterrassen zu beiden Seiten sowie die Bergumrahmung von Bozen. Der Aussichtspunkt wird in der Karte als Völseggspitze (1834 m) geführt, und man wird sich schwer davon losreißen können. Wer indessen zur Hammerwand (2128 m) hinaufsteigt, erlebt dies alles sogar noch ein wenig packender, muss dafür aber auch mehr leisten.

Auf einer heimeligen Waldlichtung empfängt uns die Tschafonhütte.

81

29 SCHLERNBÖDELEHÜTTE, SCHLERNHAUS
Am alpinen Wahrzeichen Südtirols

mittel 6 ½ Std. 1240 Hm 19 km

AUSGANGSPUNKT
Bad Ratzes (1212 m); Zufahrt von Seis am Schlern (ohne Busanbindung).

GEHZEITEN
Bad Ratzes – Schlernbödelehütte 1 ½ Std. – Schlernhaus 2 ½ Std., Abstieg 2 ½ Std.

AUFSTIEGSMETER
Bis Schlernbödelehütte 520 Hm, bis Schlernhaus 1240 Hm.

ANFORDERUNGEN
Touristensteig bestens ausgebaut und unschwierig; Gamssteig hingegen oft abschüssiger, eher spärlich bezeichneter Pfad für Geübte (Bewertung schwierig). Bis zum Schlernhaus großes Pensum, Ausdauer angezeigt.

KARTE
Tabacco, 1:25 000, Blatt 05 »Gröden – Seiser Alm«.

TOURISMUSINFORMATION
Tourismusverein, I-39040 Seis am Schlern, Tel. 0471/70 70 24.

HÜTTENSTECKBRIEF
Höhe: Schlernbödelehütte, 1726 m
Besitzer: AVS Sektion Bozen-Schlern, erbaut 1986
Kapazität: 20 Schlafplätze
Bewirtschaftet: Ende Mai–Mitte Oktober
Winterraum: ja, offen
Telefon: 0471/70 53 45

Höhe: Schlernhaus, 2450 m
Besitzer: CAI Sektion Bozen, erbaut 1885
Kapazität: 120 Schlafplätze
Bewirtschaftet: Mitte Juni–Anfang Oktober
Winterraum: ja, offen
Telefon: 0471/61 20 24

ÜBERGÄNGE
Tierser-Alpl-Hütte (2440 m), ab Schlernhaus 1 ¾ Std.

GIPFELTOUREN
Petz (2563 m), 20 Min.; Roterdspitze (2655 m), 1 ¼ Std.

Der Schlern ist ein Unikum. Sein einzigartiges Profil über den sanften Wiesenwogen der Seiser Alm stempelt ihn zum Klischeebild Südtiroler Bergidylle. Schon in prähistorischer Zeit ist er nachweislich von Menschen aufgesucht worden, Funde am Burgstall deuten auf eine vorchristliche Kultstätte. Immer schon wurde dem Berg etwas Dämonenhaftes zugeschrieben. Im Volksmund heißt die häufig vorkommende Alpengrasnelke »Schlernhex«, augenscheinlich wegen ihrer zotteligen Haare im abgeblühten Zustand. Eine Legende raunt, dass die Schlernhexen auf Besen reitend wilde Orgien mit dem Teufel gefeiert und dabei böse Unwetter fabriziert haben sollen, bis sie der Fluch traf. Abgesehen von Kult und Mystik ist die Popularität des Schlern gewiss auch mit seiner vorgeschobenen Lage hoch über dem Eisacktal verknüpft. Schon von Bozen aus sieht man seinen mehr als 1000 Meter mächtigen Aufbau aus Dolomit bugartig über der Völser Mittelgebirgsterrasse aufragen. Für Südtirol ist der Schlern quasi zum

Felsszenario am Gamssteig

Symbolberg avanciert, zum Spiegelbild dessen, was die Menschen unter der »Seele« ihres Landes verstehen. Der bekannte Heimatkundler Josef Rampold schrieb einmal, »dass nur der das Land Südtirol kennt, der es von dieser luftigen Warte einmal geschaut hat«.

Da kann es nicht verwundern, dass schon früh die Idee aufkeimte, oben auf dem Schlern ein Schutzhaus zu bauen. Genug Platz hat es ja, schließlich bildet der Berg eine ausgedehnte Tafel und stürzt nur an den Rändern steil ab. Das Projekt war nicht unumstritten, wie uns die Chronik überliefert, doch nachdem namhafte Persönlichkeiten wie Johann Santner (nach dem einer der beiden schroffen Schlernzacken, die Santnerspitze, benannt ist) vehement dafür eintraten, kam es 1885 zur Umsetzung durch die Sektion Bozen des Deutschen und Oesterreichischen Alpenvereins. Nach mehrfachem Um- und Anbauten sprach man später nicht mehr vom Schlernhaus, sondern von den »Schlernhäusern«. Eine Nacht dort oben hat bis heute nichts von ihrer Faszination verloren, handelt es sich doch (beinahe) um eine Gipfelhütte. Der Petz als höchster Punkt des Berges ist nur einen Katzensprung entfernt, und wenn sich im Licht der untergehenden Sonne die Silhouette des Rosengartens tiefrot färbt, dann fühlt man sich garantiert wie im siebten Himmel.

Wege zum Schlern Wer dem Schlern einen Besuch abstatten möchte, hat zunächst einmal die Qual der Wahl. Denn Wege führen von allen Seiten hinauf. Die meisten Wanderer beobachtet man immer am Zugang von der Seiser Alm, schließlich sind hier die wenigsten Höhenmeter zu absolvieren. Da starten wir wahlweise beim Großparkplatz Compatsch oder beim Spitzbühel-Lift, schlendern erst einmal gemütlich über die Wellen des Almplateaus und nehmen uns jenseits von Saltnerhütte und Frötschgraben dem Serpentinenweg auf die Schlern-Hochfläche an. Als deutlich anstrengender erweisen sich die Anstiege von gegenüber, etwa von Ums über den Knüppelsteig und die Sesselschwaige oder den beim Peter-Frag-Kreuz abzweigenden, steileren Schäufelesteig. Oder gar aus dem Tierser Tal, wo zunächst einmal die legendäre Bärenfalle durchschritten werden muss. Gehzeiten betragen zwischen 3 und 4 ½ Stunden. Ausführlicher sei hier an eine klassische Route erinnert, die beim ehemaligen Bad Ratzes ihren Ausgang nimmt und bei der vom Alpenverein Südtirol errichteten Schlernbödelehütte Zwischenstation macht. Ein gemütliches Refugium, das 1961 erstmalig und nach einer Lawinenzerstörung in der heutigen Form 1986 erbaut wurde – für weniger Ausdauernde auch schon ein lohnendes Ziel.

Touristen- oder Gamssteig Gleich hinter Bad Ratzes überschreiten wir den Frötschbach und wandern auf der anderen Seite mit Bezeichnung 1 weiter taleinwärts. Nach einiger Zeit ignorieren wir die Abzweigung des Proßlinersteiges (Nr. 1a, mögliche Alternative für den Rückweg) nach links und steigen auf nun steilerem Wald-

Die Schlernbödelehütte mit Blick zum Wiesenpult des Puflatsch

Am Schlernhaus haben wir Langkofel und Rosengarten in der Gesamtschau vor uns.

weg zur idyllisch auf einer Lichtung gelegenen Schlernbödelehütte an. Während sich der Blick ostwärts auf die buckelige Seiser Alm richtet, ragt rückseitig die hohe Felsmauer des Burgstalls auf, flankiert von den Schlernzacken

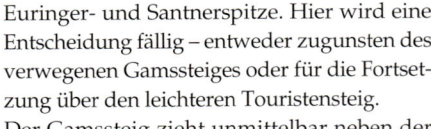

Euringer- und Santnerspitze. Hier wird eine Entscheidung fällig – entweder zugunsten des verwegenen Gamssteiges oder für die Fortsetzung über den leichteren Touristensteig.

Der Gamssteig zieht unmittelbar neben der Hütte aufwärts und nähert sich der Ostwand des Burgstalls. Nach einigem Wurzelwerk geht es in die Schutt- und Schrofenhänge hinein. Rechts von einer Rinne hoch (Drahtseil) und diese dann queren, um über die markante Rampe am Wandsockel weiter an Höhe zu gewinnen. Die Spur biegt um ein scharfes Eck und erreicht bald darauf das »Flachdach« der Schlerntafel, wo sie in den üblichen Touristensteig einmündet. Dieser ist wesentlich besser ausgebaut und das Gebot für alle, die in rauem Alpinterrain wenig Erfahrung besitzen. Nach einer längeren Querung entlang dem Waldhang setzen die Serpentinen ein, die auch beim Zustieg von der Seiser Alm begangen werden. Oben auf der grasigen Hochfläche schließlich noch 20 Minuten flach hinüber bis zum Komplex der Schlernhäuser und in weiteren 20 Minuten auf die hellen Gipfelblöcke des Petz (2563 m), wo die Rundschau noch vollendeter ist. Wer mag, kann auch nach Norden bis zur Abbruchkante des Burgstalls vortreten, um dort einen atemberaubenden Tiefblick über die Schlernzacken auf die malerische Dörfer-Wiesen-Wälder-Landschaft um Seis und Kastelruth zu erhaschen.

84

Die Schlernzacken
Santner- und Euringer-
spitze, wie man sie vom
Burgstall aus sieht

30 LANGKOFELHÜTTE, PLATTKOFELHÜTTE
Klassische Plattkofelrunde

leicht | 4 ½ Std. | 500 Hm | 12 km

AUSGANGSPUNKT
Sellajochhaus (2180 m), an der Sellajochstraße von Gröden kurz vor der Scheitelhöhe; im Sommer Busverkehr. Hier auch die Talstation des Langkofel-Lifts zur Toni-Demetz-Hütte (2681 m).

GEHZEITEN
Toni-Demetz-Hütte – Langkofelhütte ¾ Std. – Plattkofelhütte 1 ¾ Std. – Sellajochhaus 2 Std.

AUFSTIEGSMETER
Rund 500 Hm für die Rundtour (ohne Lift 1000 Hm).

ANFORDERUNGEN
Überwiegend leichte Höhenwege, im Abstieg von der Langkofelscharte etwas Trittsicherheit (Vorsicht bei Schnee).

KARTE
Tabacco, 1:25 000, Blatt 05 »Gröden – Seiser Alm«.

TOURISMUSINFORMATION
Tourismusverband Gröden, I-39047 St. Christina, Tel. 0471/777777.

HÜTTENSTECKBRIEF
Höhe: Langkofelhütte, 2253 m
Besitzer: Autonome Provinz Südtirol, erbaut 1903
Kapazität: 69 Schlafplätze
Bewirtschaftet: Ende Juni–Anfang Oktober
Winterraum: ja, offen
Telefon: 0471/79 23 23

Höhe: Plattkofelhütte, 2300 m
Besitzer: privat, erbaut 1973
Kapazität: 60 Schlafplätze
Bewirtschaftet: Mitte Juni–Anfang Oktober
Winterraum: ja, offen
Telefon: 0462/60 17 21

ÜBERGÄNGE
Mahlknechthütte (2054 m) und Tierser Alpl-Hütte (2440 m), 2 bzw. 2 ½ Std. von der Plattkofelhütte.

GIPFELTOUREN
Plattkofel (2958 m), von der Langkofel-hütte über Klettersteig 2 ½ Std., von der Plattkofelhütte Bergweg 2 Std.; sonst nur Klettertouren ab III

Ein Hüttenreigen wie nirgendwo sonst erwartet uns auf der hier vorgestellten Tour rund um den Plattkofel. Nicht nur zwei, wie die Kapitelüberschrift verlauten lässt, sondern acht bis neun solcher Stationen stehen am Weg (rechnet man die Gasthäuser im Bereich des Sellajochs großzügig dazu). Das bedeutet – theoretisch – alle halbe Stunde ein Einkehrschwung. Wohl dem, der das verträgt ...

Über die Langkofelscharte ins Kar Los geht's beim altehrwürdigen Sellajochhaus, um die Jahrhundertwende als wichtiger Stützpunkt für Touren in der Sella und Langkofelgruppe errichtet, heute vollkommen vom Rummel der frequentierten Passstraße vereinnahmt. Hüttenflair ist darob natürlich verloren gegangen. Nebenan schaukelt der Stehgondellift in die Langkofelscharte hinauf, wo sich seit 1959 die Toni-Demetz-Hütte (2681 m) zwischen die Felsen des Langkofelecks und der Fünffingerspitze klemmt. Kletterer können von hier ohne Warmlaufphase in ihre Touren einsteigen, für Wanderer bietet der Platz wenig Ausfluchtmöglichkeit. Eigentlich können wir nur jenseits ins Langkofelkar hinab. Schattig ist's dort, beinahe apokalyptisch – wir fühlen uns wie in einem Felsengefängnis. Eine Dreiviertelstunde gerölliges Bergab von der engen Scharte und man erreicht linker Hand die Langkofelhütte (2253 m). Einmalig ist dieser Standort im Innern der Langkofelgruppe, diesem von zyklopischen Felsmauern umstandenen Winkel. Nur Richtung Nordwesten bleibt ein schmaler Durchlass offen, verspricht der Blick auf die grünen Wiesen der Seiser Alm, dass es auf der Welt noch etwas anderes gibt als schroffen Fels. Schon 1894 bauten Wiener die erste Hütte im Langkofelkar, später übernommen und vergrößert durch die Sektion Vicenza des CAI, die ihr auch den italienischen Namen verlieh. Bergsteiger finden hier noch eine Heimstatt.

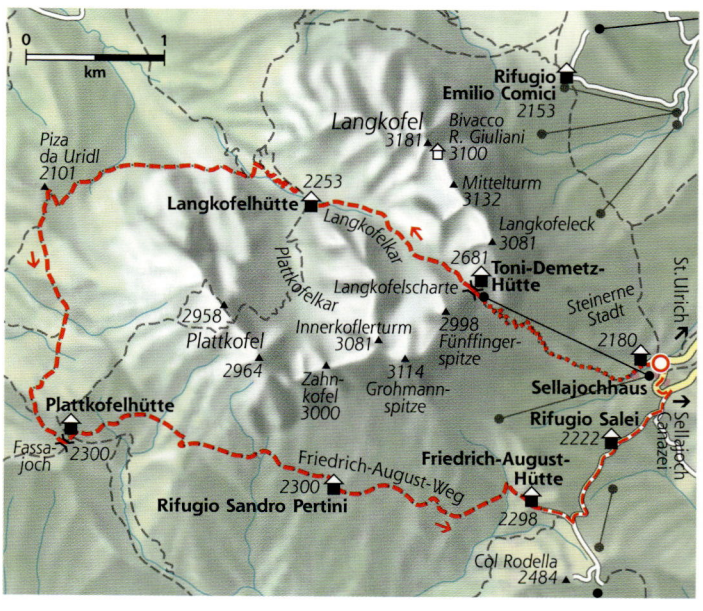

Um den Plattkofel zum Friedrich-August-Weg Die Karöffnung entlässt uns schließlich in die Weite der Seiser Alm. Von rechts kommen Zugänge vom Monte Pana respektive von der Liftstation am Mont de Sëura dazu. Wir schwenken hingegen links und verlieren am Nordfuß des Plattkofels ein gutes Stück an Höhe. Der waldumsäumte Cunfinboden bleibt jedoch unterhalb. Stattdessen peilen wir das Hohe Eck (ladinisch »Piza da Uridl«, 2101 m) an und setzen nach einem scharfen Knick die Gegensteigung bis zur Plattkofelhütte (2300 m) am Fassajoch fort. Welch ein Kontrast zur felsumstellten Enge des Langkofelkars: Hier schweifen die Blicke weit über das südseitige Val Duron sowie gen Nordwesten über das Seiser Almplateau. Der Plattkofel wendet uns seine ebenmäßige Südwestabdachung zu, jene unverwechselbare, um 30 Grad geneigte Schräge, über die der Normalweg verläuft. Zwei Stunden am Friedrich-August-Weg, stets in kaum merklichem Auf und Ab am südseitigen Felsfuß der Langkofelgruppe entlang, bedeuten das aussichtsreiche Finale der Tour. Wie an einer Perlenschnur sind auf dieser Strecke die Hütten aufgereiht, allesamt in privater Hand. Nach der Plattkofelhütte erinnern Rifugio Sandro Pertini (2300 m) und Rifugio Friedrich August (2298 m) an zwei bedeutende Persönlichkeiten, die gern in dieser Gegend weilten: der eine italienischer Staatspräsident, der andere letzter Sachsenkönig. Anschließend

wird noch die Forcella Rodella überschritten, ehe sich via Rifugio Salei und Rifugio Valentini der Kreis Richtung Sellajochhaus schließt.

Im Felsenkessel der Langkofelgruppe hat die alte Langkofelhütte ihren Platz.

Plattkofel-Überschreitung für Zünftige

Ambitionierte Bergsteiger können den weiten Bogen um den Plattkofel durch eine Gipfelüberschreitung ersetzen: Aufstieg von der Langkofelhütte über den anspruchsvollen Oscar-Schuster-Steig, der schon etwas Klettersteigerfahrung verlangt, bergab dann über die geröllreiche Normalroute direkt zur Plattkofelhütte. Im Bereich der Langkofelgruppe, wo sonst ausschließlich Kletterziele zu finden sind, handelt es sich um den einzigen relativ leicht zugänglichen Gipfel.

Die Plattkofelhütte mit ihrem Namensgeber

31 PISCIADÙHÜTTE
Im Banne der Gralsburg Ladiniens

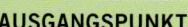

schwierig 4 Std.   630 Hm   4 km

AUSGANGSPUNKT
Parkplatz (1956 m) an der Grödner-Joch-Ostrampe von Corvara; im Sommer Ringbuslinie um die Sella.

GEHZEITEN
Aufstieg über Klettersteig 2 ½ Std., Abstieg durchs Val Setùs 1 ½ Std.

AUFSTIEGSMETER
Ab Grödner-Joch-Straße 630 Hm.

ANFORDERUNGEN
Sehr schwieriges Bergauf über einen exponierten Klettersteig, nur für einschlägig Erfahrene mit kompletter Ausrüstung (Gurt, Karabiner und Helm). Normalroute durchs Val Setùs relativ dazu leichter, aber für Wanderniveau ebenfalls schon recht anspruchsvoll (gesicherte Steilpassagen im Fels, viel Geröll). Bei Schnee und Eis gefährlich.

KARTE
Tabacco, 1:25 000, Blatt 05 »Gröden – Seiser Alm« oder 07 »Alta Badia – Arabba – Marmolada«.

TOURISMUSINFORMATION
Tourismusverein, I-39030 Kolfuschg, Tel. 0471/83 61 45.

HÜTTENSTECKBRIEF
Höhe: Pisciadùhütte, 2585 m
Besitzer: CAI Sektion Bologna, erbaut 1902
Kapazität: 76 Schlafplätze
Bewirtschaftet: Ende Juni–Ende September
Winterraum: ja, offen
Telefon: 0471/83 62 92

ÜBERGÄNGE
Rifugio Boè (2871 m) über das Sellaplateau, 1 ¾ Std.

GIPFELTOUREN
Cima Pisciadù (2985 m), Steigspuren und etwas Kletterei, 1 ¼ Std.

Rechte Seite:
Sonnenaufgang über dem Nebelmeer

Nur für absolut Schwindelfreie:
die Via Ferrata Brigata Tridentina

Im Herzen der ladinischen Dolomiten, genau am Schnittpunkt der Täler von Gröden, Hochabtei, Buchenstein und Fassa, bildet die Sella eine kolossale Felsenfestung, gern bildhaft als »Gralsburg Ladiniens« betitelt. Am wuchtigsten und grimmigsten dünkt mir jedes Mal die düstere Nordfront über dem Grödner Joch: wo man hinschaut, hochgetürmter Fels, an manchen Stellen wie von Titanenhand zerschlagen. Da scheint es für den Wanderer auf den ersten Blick kein leichtes Durchkommen zu geben. Das steinern-bleiche Hochplateau, auf dem kaum irgendwo ein Halm wächst, ist der frappierende Kontrapunkt der Sella – ein regelrechtes Flachdach über steilsten Randabstürzen, überhöht einzig noch durch die Pyramide des Piz Boè, die dem ganzen Kunstwerk quasi das i-Tüpfelchen aufsetzt. Interessant ist der zweistöckige Aufbau des Massivs. Über einem mächtigen Sockel aus kompaktem Schlerndolomit kam im Obergeschoss der Haupt- oder Dachsteindolomit zu liegen und als Trennlinie ein dünner Horizont Raibler Schichten, die das markante, fast umlaufende Terrassenband bilden. Ihm gilt unsere besondere Aufmerksamkeit, steht unser Hüttenziel doch genau auf diesem Absatz in halber Höhe. Es war die Alpenvereinssektion Bamberg, die hier Anfang des 20. Jahrhunderts ihr zweites Schutzhaus in der Sellagruppe postierte (das erste war die Bamberger

Hütte, heute Rifugio Boè, auf dem Hochplateau). Die Pisciadùhütte wuchs aber erst durch die Sektion Bologna des CAI zu heutiger Größe und Bedeutung. Und keinen geringen Beitrag, dass sie so populär geworden ist, trägt sicher die 1968 angelegte Via Ferrata Brigata Tridentina, unter Eingeweihten kurz Pisciadù-Klettersteig genannt. Sie ist ein wahrer Magnet, aber »solo per esperti«! Wer sich dem Anspruch nicht gewachsen fühlt, weicht vorteilhaft auf die alten Zugänge durchs Val Setùs oder durchs vordere Val de Mesdì aus, was freilich auch keine Spaziergänge sind.

Über den Pisciadù-Klettersteig Man kann prinzipiell am Grödner Joch starten, doch üblicherweise beginnen die Klettersteigaspiranten ein Stück weiter unten beim Kiesgruben-Parkplatz an der Ostauffahrt von Kolfuschg und Corvara. Gleich der erste Felsriegel bietet einen Testlauf – mittels Klammern und Drahtseilen luftig empor. Oberhalb mündet von rechts die Spur vom Grödner Joch. Gemeinsam um den

Sockel des Brunecker Turms herum zu der markanten Einbuchtung links davon, die den weiteren Durchstieg vermittelt. Der Fels ist gut strukturiert, die Sicherung tadellos, doch wird die beachtliche Ausgesetztheit nur dem routinierten und absolut schwindelfreien Bergsteiger Souveränität wahren lassen. Später weitet sich die steile Rampe zu einem zahmeren Schrofenkessel, durch den man direkt zum Rifugio Pisciadù aussteigen kann. Will man die Ferrata samt ihrem furiosen Finale hingegen voll auskosten, klettert man rechter Hand am nahezu senkrechten Exnerturm hoch und überschreitet schließlich noch die Hängebrücke über einen tiefen Trennspalt, ehe ebenfalls ein Schrofensteig die letzten Meter zur Hütte hinaufführt. Knapp unterhalb zaubert der Pisciadùsee einen Farbtupfer in das karge Geröllkar.

Durchs Val Setùs Normalroute und gängige Option für den Abstieg ist das schluchtartig eingefurchte Val Setùs, wo neben der lokalen Wegnummer 666 auch das Zeichen des großen Dolomiten-Höhenweges Nr. 2 aufscheint. Für die Weitwanderer ist es immerhin eine der kritischsten Passagen auf ihrem langen Weg von Brixen nach Feltre. Wir gehen ein kurzes Aufwärtsstück über das breite Sella-Ringband nach Westen und steigen dann in den Steiltrichter ein. Im oberen Teil helfen Drahtseile über abschüssige Felsen hinweg, weiter unten ist der Karschlauch mit losem Schotter angefüllt, durchaus heikel, falls eine harte Schneeauflage in diesem Schattenreich überdauert. Wir blicken durch einen Rahmen senkrechter Mauern auf die Serpentinen der Grödner-Joch-Straße hinab und werden selbst bald wieder dort angekommen sein.

Tolle Lage im Sellareich: die Pisciadùhütte

Linke Seite: Wuchtig baut sich der Gipfel der Cima Pisciadù auf.

ZUM RIFUGIO BOÈ

Von außerordentlichem Reiz ist der Weiterweg vom Rifugio Pisciadù auf das Sellaplateau und zum Rifugio Boè (2871 m), dem zentralen Stützpunkt der Gruppe (bewirtschaftet vom 20. Juni–20. September, Tel. 0471/847303). Der Weg führt am Pisciadùsee vorbei ins gleichnamige Hochkar, dort am linken Rand über eine gesicherte Felsstufe ins sekundäre Val de Tita und zu einer Verflachung, wo links die Normalroute zur Cima Pisciadù abzweigt. Rechter Hand wird die nächste Geländestufe überwunden und somit die eigentliche Hochfläche gewonnen. Eine Mondlandschaft par excellence umgibt uns, durchschnittlich über 2800 Meter hoch. Wir laufen südwärts und erhaschen an einer abrupt abbrechenden Kante einen fulminanten Blick ins Val de Mesdi. Nun entweder den Zwischenkofel (L'Antersas, 2907 m) direkt überschreiten oder auf dem etwas ausgesetzten Coburger Weg rechts umgehen, dann sind es nur noch wenige Schritte zum Rifugio Boè. Der günstigste Abstieg zur Grödner-Joch-Straße führt übrigens durch den langen Karschlauch des Val de Mesdi, der größten Talkerbe im Sellamassiv.

32 FRANZ-KOSTNER-HÜTTE
Im Osten der Sella

leicht 3 ½ Std. 700 Hm 7 km

AUSGANGSPUNKT
Albergo Cherz am Passo Campolongo (1875 m), Straßenpass zwischen Corvara und Arabba; im Sommer Bus.

GEHZEITEN
Aufstieg 2 Std., Abstieg 1 ½ Std.

AUFSTIEGSMETER
Ab Passo Campolongo ca. 700 Hm.

ANFORDERUNGEN
Gewöhnliche Bergwanderwege ohne besondere Schwierigkeiten; im Vallon durch Pistenerschließung verschandelt. Sehr kurze Zustiegsmöglichkeit vom Lift.

KARTE
Tabacco, 1:25 000, Blatt 07 »Alta Badia – Arabba – Marmolada« oder 05 »Gröden – Seiser Alm«.

TOURISMUSINFORMATION
Tourismusverband Alta Badia, I-39033 Corvara, Tel. 0471/83 61 76.

HÜTTENSTECKBRIEF
Höhe: Franz-Kostner-Hütte, 2500 m
Besitzer: CAI Sektion Bozen, erbaut 1988
Kapazität: 28 Schlafplätze
Bewirtschaftet: Ende Juni–Ende September
Winterraum: nein
Telefon: 333/875 98 38

ÜBERGÄNGE
Rifugio Boè (2871 m), alpin, 2 ¼ Std.; Passo Pordoi (2239 m), 2 Std.

GIPFELTOUREN
Boèseekofel (2908 m), Klettersteig, 2 Std.; Piz Boè (3152 m) über Lichtenfelser Steig, gesichert, 2 Std.

Die faszinierende Topografie des bollwerkartigen Sellastocks zeigt im Osten ein markantes Kar auf halber Höhe, Vallon geheißen. Die Szenerie passt zum Typus der »ladinischen Gralsburg«, so wie Boèseekofel, Zehner, Neuner und die Vallonspitzen halbkreisförmig aufgereiht stehen. Ein hoher Felssockel verbirgt den Piz Boè, doch der kundige Bergsteiger weiß um den Lichtenfelser Steig, der den wohl schönsten Anstieg zum Stargipfel der Sellagruppe vermittelt. Damit sind wir bei der Erschließungsgeschichte, die in der Sella allenthalben mit der sehr aktiven Alpenvereinssektion Bamberg verbunden ist (wir begegnen ihren Gründungen auch auf dem Hochplateau und auf der Terrasse von Pisciadù). In den Jahren 1913/14 baute man die erste Vallonhütte, die befreundeten Lichtenfelser legten ihren Steig dazu. Bevor das Haus jedoch eröffnet werden konnte, brach der Erste Weltkrieg aus. Eine Fortsetzung der Hüttentradition durch den Italienischen Alpenclub, wie anderswo geschehen, blieb aus; die Vallonhütte war dem Verfall preisgegeben.

Erstes Morgenlicht lässt die Felswände über dem Vallon erglühen.

Erst Ende der Achtzigerjahre kam durch die Bergführerfamilie Kostner aus Corvara die Idee eines ostseitigen Sella-Stützpunktes zurück. Man freut sich über die gemütliche Bleibe, wenngleich die nahe Erschließung für den harten Wintertourismus eine schmerzliche Beeinträchtigung ist. Wie reizvoll wäre ein Anstieg von Corvara, vorbei am kreisrunden Boèsee, wenn nicht riesige Pistenschneisen in die Landschaft gefräst worden wären. Gondelbahn und Lift surren auch zur warmen Jahreszeit, bringen Ausflügler hinauf ins Vallon und degradieren eine Wanderung zur Franz-Kostner-Hütte zu einem Höhenspaziergang von allenfalls 20 Minuten. Zumindest die Route vom Passo Campolongo bleibt aber halbwegs von diesen Auswüchsen verschont und kann deshalb empfohlen werden. Und wenn man wie der Verfasser einmal abends eine dramatische Gewitterstimmung erlebt, Donnergrollen in den Sellawänden widerhallt und Wolkengebräu undurchdringlich über den Tälern wabert, dann ist man wie gebannt und einfach nur froh um das schützende Dach der Hütte.

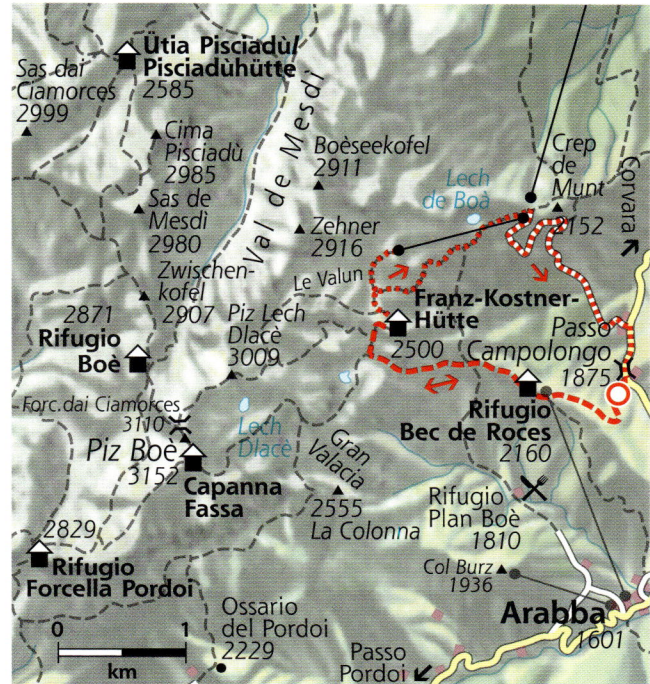

Vom Passo Campolongo Gegenüber dem Albergo Cherz beginnt ein Wirtschaftsweg (Nr. 636), der mit einer großen Kehre zum Rifugio Bec de Roces (Kaiserhütte, 2160 m) hinaufzieht. Dort schließt sich ein Steig an, verschlungen im Verlauf durch das Felsenlabyrinth gleich oberhalb des Gasthauses. Bei einer Kreuzung wechseln wir auf Nr. 637 und halten auf die Sellawände zu. Nach einer rinnenartigen Passage wird die geräumige Mittelterrasse gewonnen, auf der auch die Franz-Kostner-Hütte steht. Dorthin nordwärts eindrehend und mit etwas Auf und Ab zur kleinen Anhöhe mit dem Schutzhaus. Für den Abstieg sei dieselbe Route empfohlen, auch wenn es die Möglichkeit gibt, mit oder ohne Liftunterstützung zur Mittelstation am Crëp de Munt zu gelangen und von dort auf einer Fahrpiste zurück zum Passo Campolongo.

»Top of Sella« Als Kulminationspunkt der Sella und einer der leichtesten Dolomiten-Dreitausender ist der Piz Boè (3152 m) ein heiß begehrtes Ziel. Von verschiedenen Seiten pilgern an schönen Tagen wahre Heerscharen hinauf, am ruhigsten geht es dabei vergleichsweise noch am Lichtenfelser Steig zu. Dieser überwindet den Vorbau im Bereich der Vallonspit-

zen auf gesicherten Abschnitten, überschreitet in der Folge die Eisseespitze (Piz Lech Dlace, 3009 m) und nähert sich über die Cresta Strenta dem hässlichen Riesenreflektor und der Capanna Fassa ganz zuoberst. Das Panorama aus dem Zentrum der ladinischen Dolomiten heraus ist legendär, Schaustück Nummer eins sicherlich die eisgepanzerte Marmolada im Süden, die wir auch während des Hüttenanstiegs schon bewundern konnten.

Mit der Franz-Kostner-Hütte besitzt auch die Ostseite der Sella wieder einen vollwertigen Stützpunkt.

33 GHERDENACIAHÜTTE
Auf der Schulter der Puez-Hochfläche

mittel | 3 Std. | 570 Hm | 5 km

AUSGANGSPUNKT
Stern (1477 m) im Hochabtei
(Alta Badia); Buslinie von Bruneck.

GEHZEITEN
Aufstieg 1 ¾ Std., Abstieg 1 ¼ Std.

AUFSTIEGSMETER
Ab Stern 570 Hm.

ANFORDERUNGEN
Relativ kurze, aber phasenweise steile
Route auf meist vorzüglich angelegten
Bergwegen. Etwas Trittsicherheit
vorteilhaft.

KARTE
Tabacco, 1:25 000, Blatt 07 »Alta Badia
– Arabba – Marmolada«.

TOURISMUSINFORMATION
Tourismusverband Alta Badia, I-39033
Corvara, Tel. 0471/83 61 76.

HÜTTENSTECKBRIEF
Höhe: Gherdenaciahütte, 2050 m
Besitzer: privat, erbaut 1939
Kapazität: 30 Schlafplätze
Bewirtschaftet: Mitte Juni–Ende
September
Winterraum: nein
Telefon: 0471/84 92 82

ÜBERGÄNGE
Puezhütte (2475 m),
verschiedene Varianten, 2 ½ Std.

GIPFELTOUREN
Sas Songher (2665 m), 2 ¼ Std.;
Muntejela (2676 m), 2 Std.

»Gherdenacia« – das Wort mutet für die meisten Ohren sicher fremdartig an. Es ist ladinisch und bezeichnet eine Hochfläche oberhalb von Alta Badia, alpingeografisch Teil der Puezgruppe. Mag unten in den Tälern auch quirliges Touristenleben pulsieren, dort oben wähnt man sich in einer ganz anderen Sphäre. Die Gherdenacia ist ein Gebiet von geheimnisvoller Weltentrücktheit, von Karrenfeldern und Gräben zerklüftet, mit tafelbergartigen Sandburgen wie dem Col de la Soné und grünen, oasengleichen Mulden zwischendrin. Es befindet sich im Naturpark Puez-Geisler und ist daher unter Schutz gestellt.

Am Ostabhang der Hochfläche, bevor diese steil gegen das Abteital abbricht, steht sehr malerisch zwischen lichten Lärchenbeständen die Gherdenaciahütte, ladinisch korrekt »Ütia Gherdenacia«. Aus dieser Balkonlage heraus bewundert man vor allem die Fanesberge gegenüber, namentlich die Westabstürze von Kreuzkofel und Lavarella. Rechts dahinter grüßen schon die Ampezzaner Dolomiten mit Tofane und Co. Der Aufstieg wird üblicherweise von Stern (La Villa) genommen, wobei zwei unterschiedliche Wegführungen sogar eine Rundtour erlauben.

Von Stern auf die Hochfläche Im Talort Stern biegen wir von der Hauptstraße ab und fahren den am westlichen Talhang gelegenen Ortsteil an. Nahe der schmucken Kirche geht's los. Fürs Bergauf entscheiden wir uns für Weg Nr. 11, der zunächst an einigen Anwesen vorbei in den Wald zieht. Das Gelände steilt allmählich auf, ganz spürbar dann im Bereich einer Felsenschlucht. Das sieht zwar ein wenig grimmig aus, doch ist der bestens in Schuss gehaltene Steig prima zu begehen. Schließlich gewinnen wir die

Von der Gherdenaciahütte erhaschen wir tolle
Blicke über das Hochabtei.

94

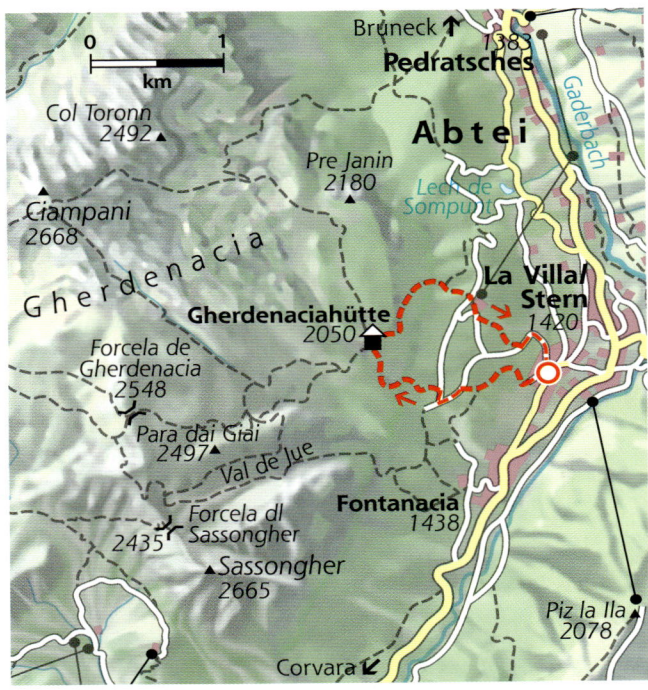

Schwelle zum Gherdenacia-Hochplateau, wo wir in Kürze bei der Hütte einlaufen. Ein stimmungsvoller Kontrast zwischen der herben Karstwelt des Hinterlandes und der großen Talfurche unterhalb macht wohl den speziellen Reiz aus.

Für den Abstieg sind wir nicht auf dieselbe Route angewiesen, denn weiter nördlich ausholend führt ein anderer, mit Nr. 5 markierter Weg zu Tal. Nach Überwindung der Plateauschwelle und einer Passage unter Felswänden entlang gabelt er sich beim Plan de Sonata. Wir halten uns rechts (jetzt Nr. 15) und steigen am Schluss im Nahbereich einer Skipiste zurück nach Stern ab.

Zum alpinen Wahrzeichen von Alta Badia Reizvollstes Gipfelziel im Umkreis ist der Sas Songher (2665 m), den viele als unverwechselbaren Kulissenberg des Talkessels von Corvara kennen. Dort erweckt er nicht gerade den Eindruck leichter Ersteigbarkeit, doch wer von der Gherdenaciahütte den Zugang über die Hochmulde von Cialdires, den Durchschlupf ins Val de Juel und die lange Aufwärtsquerung in die Forcella Sas Songher erst einmal hinter sich gebracht hat, hält den Schlüssel für den Gipfelerfolg in der Hand. Über einen von kurzen Felsstufen unterbrochenen Geröllrücken geht es nun relativ leicht zum

höchsten Punkt und zu einer Aussicht, die fulminante Tiefblicke auf Kolfuschg und Corvara, die mächtige Sellabastion sowie die eigenwillig melancholische Gherdenacia miteinander vereint. Was für spannende Gegensätze!

Jagdhütte auf der Gherdenacia-Alm

34 PUEZHÜTTE
Hoch über dem Grödner »Grand Canyon«

mittel | 5 ¼ Std. | 870 Hm | 14/9 km

AUSGANGSPUNKT
Parkplatz am Eingang ins Langental (1608 m); Zufahrt von Wolkenstein (bis dort Busanbindung). Alternativ Kolfuschg im Hochabtei, Seilbahn zum Col Pradat (2038 m).

GEHZEITEN
Langental – Puezhütte 3 Std., Rückweg 2 ¼ Std.; ab Col Pradat 2 Std. hin, 1 ½ Std. zurück.

AUFSTIEGSMETER
Aus dem Langental 870 Hm, vom Col Pradat ca. 500 Hm.

ANFORDERUNGEN
Typische Bergwanderwege mit steilen Passagen, etwas Trittsicherheit notwendig. Im Langental anhängliche Flachetappen.

KARTE
Tabacco, 1:25 000, Blatt 05 »Gröden – Seiser Alm« oder 07 »Alta Badia – Arabba – Marmolada«.

TOURISMUSINFORMATION
Tourismusverband Gröden, I-39047 St. Christina, Tel. 0471/77 77 77; Tourismusverband Alta Badia, I-39033 Corvara, Tel. 0471/83 61 76.

HÜTTENSTECKBRIEF
Höhe: Puezhütte, 2475 m
Besitzer: CAI Sektion Bozen, erbaut 1982
Kapazität: 90 Schlafplätze
Bewirtschaftet: Mitte Juni–Anfang Oktober
Winterraum: ja, offen
Telefon: 0471/79 53 65

ÜBERGÄNGE
Gherdenaciahütte (2050 m), verschiedene Wegvarianten, 2 Std.; Regensburger Hütte (2037 m) über Forcella Forces de Sieles, 2 ¾ Std.; Schlüterhütte (2297 m) über Nives- und Roascharte, 4 Std.; Grödner Joch (2121 m) über Crespëina- und Cirjoch, 2 ½ Std.

GIPFELTOUREN
Östliche Puezspitze (2913 m), 1 ¼ Std.; Puezkofel (2725 m), ¾ Std.; Muntejela (2676 m), ¾ Std.; Piz Duleda (2909 m), 2 ¼ Std.; Sas Ciampac (2672 m), 1 ½ Std.

Sternförmig laufen die Wege von allen Seiten auf die Puezhütte zu und mit ihnen im Wandel der Zeit stetig zunehmende Wandererzahlen. Als sich die Puezgruppe aus dem touristischen Schattendasein zu befreien begann, wurde die Notwendigkeit eines modernen Stützpunktes überdeutlich, denn das alte, bescheidene Ladiniahüttchen genügte längst nicht mehr den Anforderungen. 1982 wurde die neue Puezhütte durch die Sektion Bozen des CAI eröffnet. Am westlichen Rand der Gherdenacia-Hochfläche liegt sie auf einem Balkon genau über der Achse des Langentals, das von Gröden aus weit in die Puezberge hineinzieht. Beidseits hochschießender Fels weist dieser markanten Furche ein Format wie ein »Canyon« zu; kaum eine andere Talwanderung in den Dolomiten kann stärkere Impressionen vermitteln. So möchte ich der Route durchs Langental an dieser Stelle den Vorzug geben, auch wenn sie etwas länger ist als jene von Kolfuschg, wo eine Seilbahn zur Verminderung des Aufstiegspensums bereitsteht. Freilich soll auch dieser Weg nicht unterschlagen werden.

Aus dem tiefen Langental An der San-Silvester-Kapelle vorbei folgen wir dem breiten, sanft ansteigenden Weg (Nr. 14) durch Waldparzellen sowie über mehrere schöne Wiesenböden taleinwärts. Links dräuen die von Schluchten durchzogenen Steviawände, zur Rechten sind es die Abstürze von der Crespëina-Hochfläche. Bis in den hintersten Winkel wird festzustellen sein, dass der Name Langental nicht von ungefähr kommt. Vor der prägnanten Rinne, die vom Ciampëijoch herabschießt, drehen wir nach links ab und steigen nun durch geröllige Steilhänge über den Talriegel hinweg. Auf der weiten Hangterrasse oberhalb erwartet uns die Puezhütte.

Für den Abstieg ergeben sich zwei interessante Varianten: Wenn man den Balkonweg in westliche Richtung verfolgt, öffnet sich nach einer halben Stunde zwischen den Felsbarrieren ein möglicher Durchschlupf talwärts, den sich Steig Nr. 16 zunutze macht. Der erste Abschnitt führt dort in eine zirbenbestandene Hangmulde hinein, der zweite mit Querung eines steilen Grabens bis in die Talsohle nahe den Pra da Ri. Wesentlich ausschweifender ist dagegen der weite Bogen über die Crespëina-Hochfläche, die zwischen Ciampëi- und Crespëinajoch durchschritten wird, um anschlie-

Blick in die tiefe Furche des Langentals. Hinten grüßt der Langkofel.

ßend durchs Val de Chedul wieder zur San-Silvester-Kapelle im Langental abzusteigen.

Von Kolfuschg über das Ciampëijoch Ab Kolfuschg spart man ein paar Höhenmeter, wenn man die Seilbahn zum Col Pradat (2038 m) nutzt. Die Wege vereinigen sich beim Eintritt in den kesselartigen Einschnitt zwischen Sas Songher und Sas Ciampac, wo sich hinter einer Karschwelle die oft ausgetrocknete Seemulde von Ciampëi erstreckt. Links daran vorbei und im Zickzack über steilere Hänge zur Felsbresche des gleichnamigen Jochs (2366 m). Hier, am Stoßpunkt der Hochplateaus von Crespëina und Gherdenacia, wenden wir uns nordwärts und erreichen in sanft ansteigendem Bogen oberhalb der Langentalfurche die Puezhütte.

Reiche Gipfelauswahl Wer gern durch abgeschiedene Mondlandschaften stromert, kommt im Umkreis der Puezhütte natürlich voll auf seine Kosten. Aber auch der Gipfelstürmer wird ausreichend bedient. Da kann man die Östliche Puezspitze (2913 m) auf einem wenig schwierigen Felssteig erklimmen oder sich mit dem südostseitigen Ableger des Puezkofels (2725 m) begnügen. Weiter westlich bildet der Piz Duleda (2909 m) ein Pendant, während Sas Ciampac (2672 m) und Sas Songher (2665 m) gegen das Hochabtei ausgerichtet sind und mit einer perfekten Sella-Schau aufwarten.

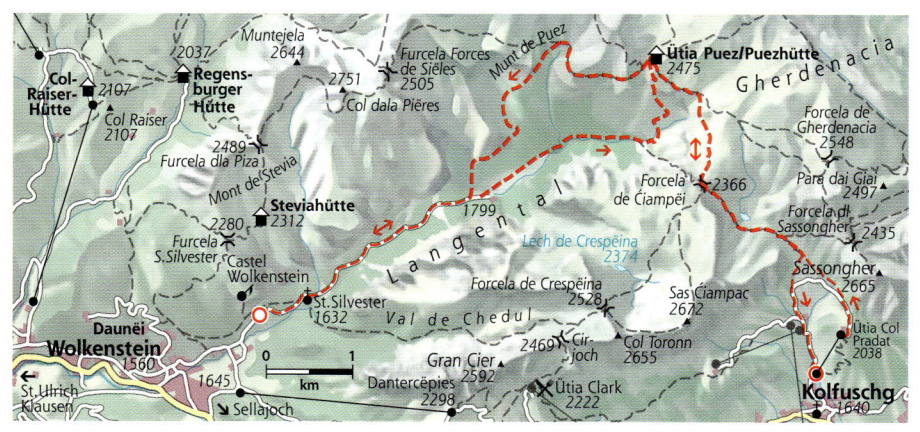

Die Puezhütte am Fuße des Puezkofels

35 REGENSBURGER HÜTTE
Im Wiesenreich der Cislesalm

leicht · 2¼ Std. · 400 Hm · 7 km

AUSGANGSPUNKT
Daunëi (1687 m), kleiner Weiler oberhalb von Wolkenstein im Grödnertal; Bus bis Zentrum Wolkenstein. Alternativ bei der Col-Raiser-Umlaufbahn in St. Christina, Talstation (1551 m), Bergstation (2107 m).

GEHZEITEN
Aufstieg 1¼ Std., Abstieg 1 Std.

AUFSTIEGSMETER
Ab Daunëi etwa 400 Hm.

ANFORDERUNGEN
Ganz leichte, unbeschwerliche Wanderung auf harmlosen Wegen, ohne Einschränkung empfehlenswert.

KARTE
Tabacco, 1:25 000, Blatt 05 »Gröden – Seiser Alm«.

TOURISMUSINFORMATION
Tourismusverband Gröden, I-39047 St. Christina, Tel. 0471/77 77 77.

HÜTTENSTECKBRIEF
Höhe: Regensburger Hütte, 2037 m
Besitzer: Autonome Provinz Südtirol, erbaut 1888
Kapazität: 90 Schlafplätze
Bewirtschaftet: Anfang Juni–Mitte Oktober
Winterraum: nein
Telefon: 0471/79 63 07

ÜBERGÄNGE
Steviahütte (2312 m) über Nadelscharte (Furcela dla Piza), 2 Std.; Puezhütte (2475 m) über Forcella Forces de Sieles, 3 Std.; Schlüterhütte (2297 m) über Forcella della Roa, 4 Std.; Brogleshütte (2045 m) über Panascharte, 2 Std.

GIPFELTOUREN
Sas Rigais (3025 m), Klettersteig, 3 Std. (Überschreitung möglich); Col dla Piëres (2751 m), gesicherte Passagen, 2½ Std. (Überschreitung möglich); Piz Duleda (2909 m), 2¾ Std.

Alles, was die Dolomiten an landschaftlicher Pracht verkörpern, in erster Linie das Zusammenspiel von lieblicher Almbeschaulichkeit und schroffem Felsgemäuer, finden wir im Umkreis der Regensburger Hütte. Gegründet durch die Alpenvereinssektion Regensburg und übernommen von der italienischen Sektion Florenz, hat sie ihren Platz seit nunmehr 125 Jahren am Rande der Cislesalm oberhalb Gröden an der sonnigen Südseite der Geislerspitzen. Diese stellen mit den Türmen der Fermeda und Odle, dem massigen Sas Rigais und der unvergleichlichen Furcheta eine tolle Kulisse zur Schau. Auch der Steilabsturz der Steviawände ist von der Hüttenterrasse aus ein Hingucker, insbesondere wenn die Felsen im Licht der untergehenden Sonne rot aufglühen. Talauswärts erscheint überdies der Langkofel als Grödens erstes Wahrzeichen.

Ein Blick auf das Tourenangebot, wie es vor Zeiten auf einer Übersichtstafel bei der Regensburger Hütte akribisch vermerkt wurde, beeindruckt. Da kann man spannende Übergänge zu Nachbarhütten ausführen, den Paradegipfeln wie Sas Rigais & Co. aufs Haupt steigen und jede Menge zünftiger Kletterfahrten unternehmen. Man kann es sich als Hüttenbummler natürlich auch einfach gut gehen lassen und den Tag irgendwo auf der Cislesalm verträumen. Jeder nach seinem Gusto. Angesichts der touristischen Erschließung in Form von Seilbahnen auf die Secëda und insbesondere zum nahen Wiesenbuckel des Col Raiser, der nur 20 Gehminuten entfernt liegt, könnte man meinen, die Regensburger Hütte sei als alpiner Stützpunkt entwertet. Aber mitnichten. Die Nacht am Berg zu verbringen, anstatt morgens an der Seilbahnkasse Schlange zu stehen, hat halt auch was für sich, ganz zu schweigen von den Stimmungen, die

Scharf gezackt ragen die Fermeda- und Geislerspitzen über der Cislesalm empor.

man in seinem Talquartier niemals in vergleichbarer Art erlebt. Und wenn sich dann nach 8 Uhr ganze »Tatzelwürmer« aufmachen, den Sas Rigais zu überrennen, hat man vielleicht längst schon die Nase vorn ...

Am schönsten über die Juac-Hütte Damit sind wir bei den Anstiegen zur Regensburger Hütte: Zur Kurzvariante vom Col Raiser (2107 m) ist nicht viel zu berichten. Wer höher oben an der Secëda-Bergstation (Seilbahn von St. Ulrich) startet, hat die seltene Annehmlichkeit eines Hüttenzustiegs im Bergab vor sich, immer durch die freundlichen südseitigen Almhänge mit ihren wettergegerbten Schwaigen und Heuschobern. Von St. Christina aus gibt ein Taleinschnitt die Leitlinie vor, etwas eintönig auf breiter Schotterpiste. Mein persönlicher Favorit ist der Zugang vom Wolkensteiner Ortsteil Daunëi. Da steigt man mit Nr. 3 zunächst am Rande der Juac-Wiesen aufwärts zur bewirtschafteten Juac-Hütte (1903 m), wo man gleich einmal hängenbleiben könnte. Nach minimalem Zwischenabstieg zeigt sich in einem kleinen Stauweiher das Spiegelbild der Geislerspitzen. Hier treffen wir auf den breiten Weg Nr. 1 von St. Christina und folgen ihm die letzte halbe Stunde hinauf zur Regensburger Hütte.

Kleine Almrundtouren Wer keine größeren Ambitionen hegt, sollte den angebrochenen Tag vielleicht für einen Streifzug durch die wunderbare Almlandschaft nutzen. Beispielsweise auf einer Runde über den Plan Ciautier, einem Wiesenboden direkt am Fuße des Sas Rigais, oder bei einem Ausflug in den westlichen Teilbereich, der auch Aschgler Alm bzw. ladinisch »Mastlé« genannt wird. Hier laden mehrere Jausenstationen zur Einkehr.

Die Regensburger Hütte unterhalb der Stevia

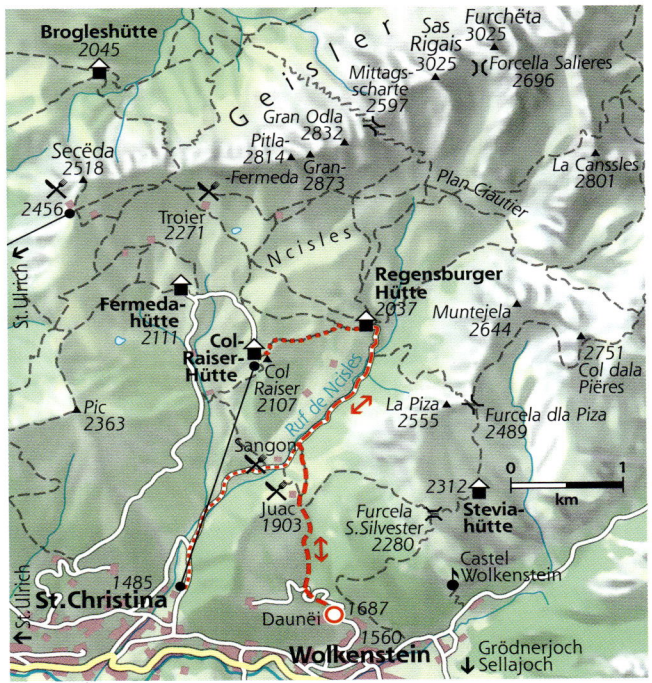

99

36 GAMPENALM, SCHLÜTERHÜTTE
Im Villnösser Talschluss

leicht | 3 Std. | 620 Hm | 9 km

AUSGANGSPUNKT
Zanser Alm (1685 m), am Ende der Straße ins Villnösstal; Bus von Brixen.

GEHZEITEN
Bis Gampenalm 1 Std., bis Schlüterhütte 1 ¾ Std., Abstieg 1 ¼ Std.

AUFSTIEGSMETER
Bis Gampenalm 380 Hm, bis Schlüterhütte 620 Hm.

ANFORDERUNGEN
Leichte und ziemlich kurze Bergwanderung auf harmlosen Wiesenwegen. Für alle grundsätzlich Bergtauglichen geeignet.

KARTE
Tabacco, 1:25 000, Blatt 030 »Brixen – Villnöss«.

TOURISMUSINFORMATION
Tourismusverein Villnösser Tal, I-39040 St. Peter in Villnöss, Tel. 0472/84 01 80.

HÜTTENSTECKBRIEF
Höhe: Gampenalm, 2062 m
Besitzer: privat, erbaut 1961
Kapazität: 30 Schlafplätze
Bewirtschaftet: Anfang Juni–Anfang November, Weihnachten–Anfang März
Winterraum: nein
Telefon: 348/272 15 87

Höhe: Franz-Schlüter-Hütte, 2297 m
Besitzer: Autonome Provinz Südtirol, erbaut 1898
Kapazität: 90 Schlafplätze
Bewirtschaftet: Mitte Juni–Mitte Oktober
Winterraum: ja, mit Schlüssel
Telefon: 0472/84 01 32

ÜBERGÄNGE
Brogleshütte (2045 m) über Adolf-Munkel-Weg, 2 ½ Std. ab Gampenalm; Regensburger Hütte (2037 m) und Puezhütte (2475 m) über Forcella della Roa, 3 ½ bzw. 4 Std.

GIPFELTOUREN
Zendleser Kofel (2422 m), 20 Min. ab Schlüterhütte; Peitlerkofel (2875 m), 2 ¼ Std.

Mit der scharf geschnittenen Phalanx der Geislerspitzen liefert Villnöss ein Paradebild der Dolomiten als Visitenkarte. Dieser Bilderbuchtalschluss bildet das Ambiente unserer Wanderung über die lieblichen Gampenwiesen bis zur Schlüterhütte unweit des Kreuzkofeljochs. Links stehen die von dieser Seite eher formlosen Aferer Geisler Spalier, doch rechts lassen die großen Geislerspitzen, allen voran Furcheta und Sas Rigais, jeden gebannt innehalten. Villnöss trat gegen Ende des 19. Jahrhunderts ins Licht einer breiteren Öffentlichkeit, als sich touristisch auf dem Hütten- und Wegesektor auch hier einiges tat. Seit dieser Zeit ist die Talschaft mit den Namen Franz Schlüter und Adolf Munkel, beide Alpenvereinsfunktionäre aus dem fernen Dresden, verbunden. Schlüter begeisterte sich bei einem Besuch im Jahre 1896 so sehr für die Gegend, dass er spontan beschloss, am Kreuzkofeljoch eine Unterkunft zu errichten. Bereits zwei Jahre später konnte die Franz-Schlüter-Hütte feierlich eingeweiht werden. Mit dem Adolf-Munkel-Weg hinüber zur Broglesalm kam bald darauf eine Wanderroute dazu, die zu einem echten Evergreen avancieren sollte.

Von der Zanser Alm Im Gegensatz zu manch anderer Dolomitendestination ist sich Villnöss bis heute weitgehend treu geblieben, gleichwohl die großen Parkplätze zuhinterst bei der Zanser Alm nicht selten proppenvoll sind. Solch eine Kulisse zieht halt Wanderer und Ausflügler wie ein Magnet an. Von der Zanser Alm gibt es zwei Möglichkeiten, Richtung Gampenalm aufzusteigen. Entweder wir halten uns zuerst entlang dem Kasserillbach und zweigen rechter Hand zu den Gampenwiesen ab oder man wählt den Einschnitt des Tschantschenonbachs (dialektisch für St.-Zenon-Bach) und muss dann später links gehen. Die Gampenalm bietet auf gut 2000 Metern schon die perfekte Idylle inmitten blühender Bergmatten, doch bringt die Fortsetzung zur Schlüterhütte hinsichtlich der Aussicht noch eine Steigerung,

Die Schlüterhütte, wichtiger Stützpunkt am Dolomiten Höhenweg Nr. 2

die man sich nicht entgehen lassen wird. Ein kurzzeitig aufsteilender Hang ist dabei zu überwinden, freilich keine große Sache für den tatkräftigen Wanderer, der hinter der Hütte zumindest auch noch die restlichen 40 Höhenmeter zum Kreuzkofeljoch (2340 m) aufsteigen sollte. Hier öffnet sich urplötzlich der Blick nach Osten über die Bergwelt des Gadertals, optisch dominiert von der breiten Kreuzkofelmauer.

Villnösser Höhenwege Vom Adolf-Munkel-Weg, der sich unterhalb der Geisler-Nordwände entlangschlängelt, wurde schon kurz berichtet. Im Spannungsfeld zwischen anheimelnd parkähnlicher Landschaft und jäh aufschießender Felsenwucht zählt er zu den beliebtesten leichteren Höhenwegen in ganz Südtirol. Dagegen fällt der Günther-Messner-Steig über den Kamm der Aferer Geisler in seinem Anspruch schon deutlich schärfer aus. Mit Klettersteigelementen gespickt, sollten ihn nur erfahrene Bergwanderer wagen. Die Route reicht mehrmals an die Gratlinie heran und schenkt vorzügliche Ausblicke, vor allem auf die Villnösser Glanzlichter gegenüber. Wir können das gesamte Massiv überschreiten und am Ende über den Oberen Herrenweg direkt wieder zur Zanser Alm zurückkehren.

Die Gampenwiesen mit den Aferer Geisler

37 KREUZWIESENHÜTTE
Auf der Lüsner Alm

leicht · 4 Std. · 800 Hm · 9 km

AUSGANGSPUNKT
Rungg (ca. 1180 m), Weiler oberhalb von Lüsen; Zufahrt von Brixen (Bus bis Lüsen).

GEHZEITEN
Aufstieg via Gostalm 2 ¼ Std., Abstieg über Flitt 1 ¾ Std.

AUFSTIEGSMETER
Knapp 800 Hm ab Rungg.

ANFORDERUNGEN
Über die Gostalm teilweise steiler Waldsteig, insgesamt aber ohne Schwierigkeiten.

KARTE
Tabacco, 1:25 000, Blatt 030 »Brixen – Villnöss«.

TOURISMUSINFORMATION
Tourismusverein, I-39040 Lüsen, Tel. 0472/41 37 50.

HÜTTENSTECKBRIEF
Höhe: Kreuzwiesenhütte, 1924 m
Besitzer: privat, erbaut 1932
Kapazität: 40 Schlafplätze
Bewirtschaftet: fast ganzjährig
Winterraum: nein
Telefon: 0472/41 37 14

ÜBERGÄNGE
Starkenfeldhütte (1936 m), 1 Std.

GIPFELTOUREN
Astjoch (2194 m), ¾ Std.;
Campill (2190 m), 1 Std.

Obwohl nicht weit entfernt von der großen Transitachse durchs Eisacktal gelegen, hat sich das Tal von Lüsen eine überraschende Ursprünglichkeit bewahren können. Es versteckt sich halt ein wenig hinter waldreichen Höhenzügen und kann zudem nicht mit irgendwelchen Superlativen aufwarten, die die Touristen in Scharen anlocken würden. Zwar gehört das Lüsner Bergland streng geografisch bereits zu den Dolomiten, doch ist der Landschaftstyp ein gänzlich anderer – man möchte fast sagen, gegenteiliger Natur. Stark verwittertes Altkristallin und zu sanften Formen abgetragene Bergrücken zeigen vielmehr einen Mittelgebirgs- als Hochgebirgscharakter, vergleichbar am ehesten mit den südlichen Ausläufern der Sarntaler Alpen. Für alle, die es beschaulich mögen, ein prima Wanderrevier mit Almidylle und weitem Horizont. Im Süden prangt der Peitlerkofel als Vorposten der

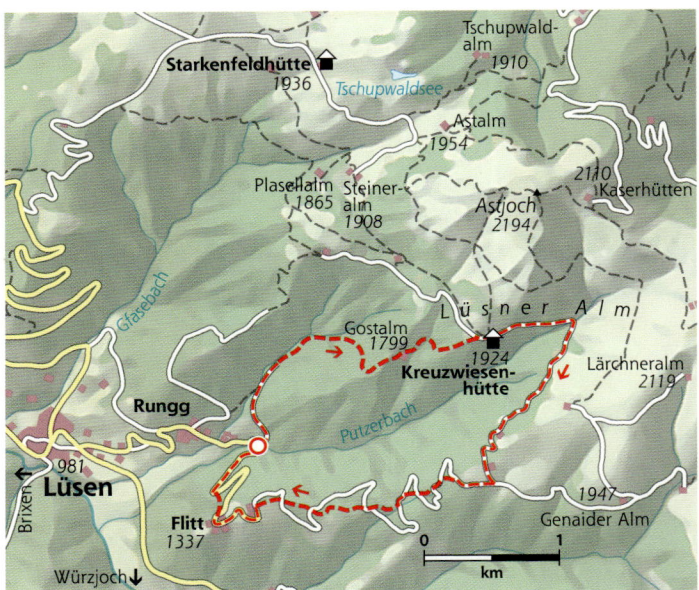

Der Höhenrücken der Lüsner Alm ist ein herrliches Wanderrevier für Genießer.

»Bleichen Berge«. Die schmucke Kreuzwiesen-hütte hat ihren Platz in der Südflanke des Ast-jochs und ist bevorzugtes Ziel für Genusswan-derer ohne alpinistischen Ehrgeiz. Besondere Herausforderungen sind in der Umgebung nämlich Fehlanzeige, sieht man einmal davon ab, dass der populäre Weitwanderweg von München nach Venedig hier vorbeizieht.

Zwei Routen von Lüsen Am bequemsten gelangt man vom Weiler Flitt (Parkplatz auf 1383 m) zur Kreuzwiesenhütte. Da jedoch auch über die aufgelassene Gostalm eine Anstiegsmög-lichkeit besteht, starten wir schon etwas tiefer bei Rungg und planen eine Rundtour. Benut-zer des Linienbusses legen freilich schon direkt im Kirchdorf Lüsen los und kalkulieren 200 zusätzliche Höhenmeter ein. Kurz bevor die Höfestraße hinter Rungg den Putzerbach über-brückt, schlagen wir links einen Forstweg ein. Ohne Nummerierung geht es in einem Gra-beneinschnitt einwärts, wo bald ein Fußweg beginnt. Dieser zieht ziemlich steil bergan, gewinnt einen Geländerücken und bald darauf die Lichtung der verfallenen Gostalm (1799 m). Erst kurz vor der Kreuzwiesenhütte treten wir aus dem Wald heraus und erfreuen uns an der heiteren Atmosphäre, wie sie hier oben an den Hängen der Lüsner Alm herrscht.

Der fahrtauglich breite Weg 2a kann vorteil-haft für den Abstieg gewählt werden. Dabei müssen wir zunächst nahezu horizontal den Putzerbachgraben ausgehen, bevor auf der gegenüberliegenden Seite das eigentliche Bergab erfolgt. Ein Steig schneidet die Kehren des Güterweges größtenteils ab, zielstrebig auf Flitt (1337 m), den höchsten Lüsner Wei-ler, zuhaltend. Von dort schließlich noch über zwei Serpentinen der asphaltierten Berg-straße zurück zum Ausgangspunkt.

Panoramaloge Astjoch Als Hochpunkt des weit-läufigen Kammes zwischen Lüsen und dem vorderen Pustertal ist das Astjoch (2194 m) allemal eine kleine Zusatzmühe wert. Man kann auf bezeichneter Wegspur direkt die südseitigen Hänge ersteigen und wird mit einem berauschenden 360-Grad-Rundum-blick belohnt. Den nördlichen Horizont be-herrscht der vergletscherte Zillertaler Haupt-kamm mit den vorgelagerten Pfunderer Bergen, nach Westen sind es die Sarntaler Alpen, und der südliche Gesichtskreis ist angefüllt mit Dolomitengipfeln, die den pas-senden Kontrast dazu liefern. Besonders vorteilhaft zeigt sich auch die gesamte Achse des Pustertals, die Haupttalschaft im Osten Südtirols.

In neuem Glanz erstrahlt die Kreuz-wiesenhütte.

38 TIEFRASTENHÜTTE
Auf der Sonnenseite des Pustertals

leicht — 4 Std. — 910 Hm — 10 km

AUSGANGSPUNKT
Hüttenparkplatz im Winnebachtal (1400 m); Zufahrt von der Pustertaler Sonnenstraße bei Terenten, ca. 1,5 km von der Hauptstraße östlich des Ortes taleinwärts; Bus von Bruneck.

GEHZEITEN
Aufstieg 2 ½ Std., Abstieg 1 ½ Std.

AUFSTIEGSMETER
Ab Parkplatz 910 Hm.

ANFORDERUNGEN
Markierter Hüttenweg ohne allzu steile Abschnitte; mit elementarer Trittsicherheit und ordentlicher Ausdauer leichte Wanderung.

KARTE
Tabacco, 1:25 000, Blatt 033 »Bruneck und Umgebung« oder 037 »Hochfeiler – Pfunderer Berge«.

TOURISMUSINFORMATION
Tourismusverein, I-39030 Terenten, Tel. 0472/54 61 40.

HÜTTENSTECKBRIEF
Höhe: Tiefrastenhütte, 2312 m
Besitzer: AVS Sektion Brixen, erbaut 1978
Kapazität: 46 Schlafplätze
Bewirtschaftet: Mitte Mai–Ende Oktober
Winterraum: ja, offen
Telefon: 0474/55 49 99

ÜBERGÄNGE
Edelrauthütte (2545 m) über Pfunderer Höhenweg, 7 Std.

GIPFELTOUREN
Kempspitze (2704 m), 1 Std.;
Hochgrubbachspitze (2809 m), 1 ½ Std.;
Eidechsspitze (2738 m), 1 ½ Std.

Zu den bekannten Bergregionen Südtirols gehören sie zwar noch nicht unbedingt, doch ein wenig scheinen die Pfunderer Berge in letzter Zeit mehr Aufmerksamkeit erlangt zu haben. Und die steht ihnen zweifellos zu. Oft als »Anhängsel« der Zillertaler Alpen beschrieben, beweisen sie angesichts ihrer Ausdehnung und des Landschaftscharakters durchaus eine gewisse Eigenständigkeit. Als Paradetour wird der fünftägige Pfunderer Höhenweg gehandelt, ein spannungsreicher »Hüttentrek« über zahlreiche Scharten und Joche, der vom Sterzinger bis ins Brunecker Talbecken führt. Die Tiefrastenhütte fungiert hier – je nach Gehrichtung – als letzter oder erster Etappenstützpunkt.

Schon im Jahr 1912 errichtete die Alpenvereinssektion Brixen im Tiefrastenkessel die Fritz-Walde-Hütte – ein Standort, der nach Zerstörung der Hütte Ende des Zweiten Weltkrieges lange verwaist war. Doch die Karschwelle am pittoresken Tiefrastensee, umringt vom Kempspitze, Graunock und Hochgrubbachspitze, ist geradezu prädestiniert dafür, den Bergfreunden eine Heimstatt zu geben, wie 1978 mit der neuen Tiefrastenhütte endlich geschehen. Hier treffen sich Wanderer jeder Couleur: »Langstreckenläufer« auf dem besagten Pfunderer Höhenweg, ambitionierte Gipfelstürmer und solche, die einfach nur das zauberhafte Ambiente des Bergsees und natürlich die Einkehr genießen wollen.

Voller Spannung steuern wir die Tiefrastenhütte an.

Durchs malerische Winnebachtal Vom Hüttenparkplatz folgen wir dem Güterweg an der Jausenstation Astner Bergalm sowie der Materialseilbahn vorbei ins Talinnere. Die Kempspitze bildet bereits den Blickfang. Nach ein paar Kehren erreicht man einen Steig (weiterhin Bezeichnung 23), um über freundliches Alpenrosengelände – im Frühsommer ein Meer in Purpurrot – aufwärtszustreben. Im Angesicht eines kleinen Wasserfalls überschreiten wir die Schwelle zu einem Hochtalboden mit dem winzigen Tiefrastenhüttl der Hirten. Hier mündet von rechts der Pfunderer Höhenweg, mit dem wir an den felsdurchsetzten Hängen, zuletzt links einschwenkend, die Tiefrastenhütte gewinnen. Der nahe See verleiht der Umgebung ein besonderes Fluidum – sehr verlockend auch für einen längeren Aufenthalt.

Drei Hüttengipfel Dies auch, zumal das Gipfelangebot ringsum ordentlich besetzt ist. Immerhin drei mit einem Steig erschlossene Spitzen zählt man im unmittelbaren Einzugsgebiet, ein eindeutiger Favorit ist darunter schwer zu küren. Höchste Erhebung ist die Hochgrubbachspitze (2809 m), die wir aus dem hinteren Karkessel erreichen können. Kurz vor der Hochsägescharte zweigt links die Gipfelroute ab, ein wenig steil zwar, aber für den trittsicheren Berggeher doch ohne ernste Schwierigkeiten. Ähnlichen Charakter weist die Kempspitze (2704 m)

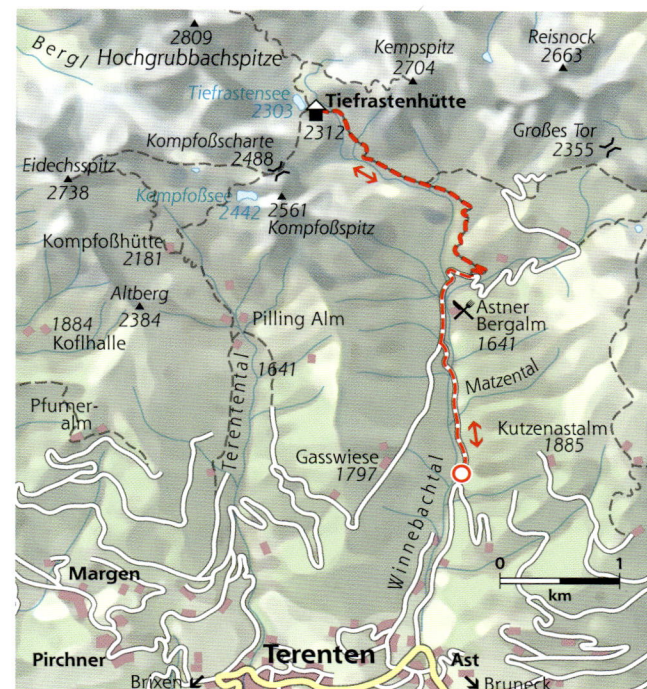

auf, die über die Blockschutthänge der Westflanke bestiegen wird. Ein wenig abseitig erhebt sich die Eidechsspitze (2738 m), zu der wir erst einmal die Kompfoßscharte überschreiten müssen (dahinter ein weiterer sehr reizvoller See!), ehe wir über den Ostgrat gipfelwärts gelangen.

See und Hütte – immer eine tolle Kombination

105

39 BRIXNER HÜTTE
Im inneren Valser Tal

leicht · 3 Std. · 640 Hm · 8 km

AUSGANGSPUNKT
Parkplatz (1705 m) kurz vor der Fanealm; Zufahrt von Mühlbach bis ins innere Valser Tal, im Sommer von 9.30–17 Uhr hinter Vals gesperrt (dann Taxidienst). Bus von Mühlbach bis zum Sessellift Jochtal.

GEHZEITEN
Aufstieg 1 ¾ Std., Abstieg 1 ¼ Std.

AUFSTIEGSMETER
Ab Parkplatz Fanealm 640 Hm.

ANFORDERUNGEN
Anfangs breiter Fahrweg, dann Bergweg ohne jede Schwierigkeiten.

KARTE
Tabacco, 1:25 000, Blatt 037 »Hochfeiler – Pfunderer Berge«.

TOURISMUSINFORMATION
Tourismusverein Gitschberg Jochtal, I-39037 Mühlbach, Tel. 0472/88 60 48.

HÜTTENSTECKBRIEF
Höhe: Brixner Hütte, 2344 m
Besitzer: AVS Sektion Brixen, erbaut 1973
Kapazität: 40 Schlafplätze
Bewirtschaftet: Mitte Juni–Mitte Oktober
Winterraum: ja, offen
Telefon: 0472/54 71 31

ÜBERGÄNGE
Sterzinger Hütte (2344 m), 2 ½ Std.; Edelrautehütte (2545 m) über Pfunderer Höhenweg, 8 ½ Std.; Simile Mahdalm (2011 m) über Pfunderer Höhenweg in Gegenrichtung, 4 Std.

GIPFELTOUREN
Wurmaulspitze (3022 m), 2 Std.; Wilde Kreuzspitze (3132 m), 2 ½ Std.

Einige Jahre vor der Tiefrastenhütte eröffnete die Sektion Brixen des Südtiroler Alpenvereins in den Pfunderer Bergen ihre Brixner Hütte, durch naturnahe Blockbauweise attraktiv gestaltet und vor allem harmonisch in das Landschaftsbild eingefügt. Sie hat ihren Platz in der »Pfanne«, die als weitläufiger Hochalmkessel den Ursprung des Valser Tals markiert. Eine herrliche Gegend! Die Matten legen ringsum einen samtenen Teppich aus, durchzogen von einigen Gräben und überragt von einem Kranz grün-grauer Berggestalten. Mit der Wilden Kreuzspitze steht der Hauptgipfel der Pfunderer Berge in Reichweite, noch näher die ebenfalls über 3000 Meter hohe Wurmaulspitze. Typischer, bröseliger Schieferschutt prägt diese Gipfel, ein Material, das allerdings nicht bei jedem Bergsteiger beliebt ist …

Genau wie drüben im Tiefrastenkar hatte es auch hier bereits eine Vorgängerhütte gegeben, 1908 erbaut, doch später verfallen. Umso begrüßenswerter erscheint die Initiative des Alpenvereins, diese alten, durchaus wichtigen Standorte wieder »urbar« zu machen. Das erste Mal kam ich über den Pfunderer Höhenweg zur Brixner Hütte, fühlte mich auf Anhieb wohl, und lernte den gewöhnlichen Hüttenanstieg durchs hintere Valser Tal erst ein paar Jahre später kennen. Dieser geht ziemlich locker vonstatten und beginnt gleich mit einem besonderen Kleinod.

Von der Fanealm Gemeint ist das stattliche Almdorf Fane, dessen Ursprünge bis ins Mittelalter zurückreichen. Der Name soll ebenfalls mit der »Pfanne« in Zusammenhang stehen und im ladinischen Begriff »Fanes« eine Ent-

Der Aufstieg zur Brixner Hütte verläuft durch ein mattenreiches Hochtal.

Gemütliches Flair inmitten der Pfunderer Berge verströmt die Brixner Hütte.

sprechung haben. Das heutzutage denkmalgeschützte Hüttenensemble lädt zum Verweilen ein, doch die zehn Minuten ab Parkplatz dürften dem Marschfreudigen bei Weitem zu wenig sein. Also weiter taleinwärts, wo wir uns der »Schramme« nähern. Hier hat der tosende Valser Bach eine klammähnliche Felsenenge geschaffen. Dahinter öffnet sich ein flacherer Talboden. Während die breite Fahrtrasse links zur Labesebenalm abdreht, orientieren wir uns mit Nr. 17 weiter geradeaus und folgen jetzt einem guten Fußweg. Beidseits bilden steile Mattenhänge den Rahmen des Hochtals, von hinten grüßt bereits die Brixner Hütte. Sie steht auf einem Geländeabsatz am Rande der Pfanne und ist nach eineinhalb bis höchstens zwei Stunden erreicht.

Rundtour über den Wilden See Das ideale Ganztagesprogramm über dem inneren Valser Tal verspricht die Schleife via Rauhtaljoch, wo von guten Bergwanderern sogar die Wilde Kreuzspitze (3132 m) mitgenommen werden kann. Ein besonderes Highlight ist dabei der sagenumwobene, in einer herben Hochmulde gelegene Wilde See. Nachdem im Bereich der Pfannealm ein weiter Linksbogen vollzogen ist, macht das Rauhtal seinem Namen zuweilen Ehre. Bis weit in den Sommer hinein müssen wir hier über ausgedehnte Schneefelder ansteigen, die zwar nicht übermäßig steil, aber wenn hartgefroren doch etwas kritisch sind. Jenseits des Rauhtaljochs (2808 m) erscheint der Wilde See, blinkend im Sonnenlicht, melancholisch wirkend hingegen bei trübem

Wetter. Rechter Hand lockt die als Panoramapunkt ersten Ranges gepriesene Wilde Kreuzspitze zu einem Abstecher, ansonsten geht es am Wilden See vorbei und an der abschüssigen Seeleite entlang, sodann im scharfen Linksknick hinab zur Labesebenalm (2138 m) und schließlich auf den Hinweg einmündend zurück zum Ausgangspunkt. Einschließlich Gipfel sind für die Rundtour etwa sieben Std. zu veranschlagen; Trittsicherheit unerlässlich.

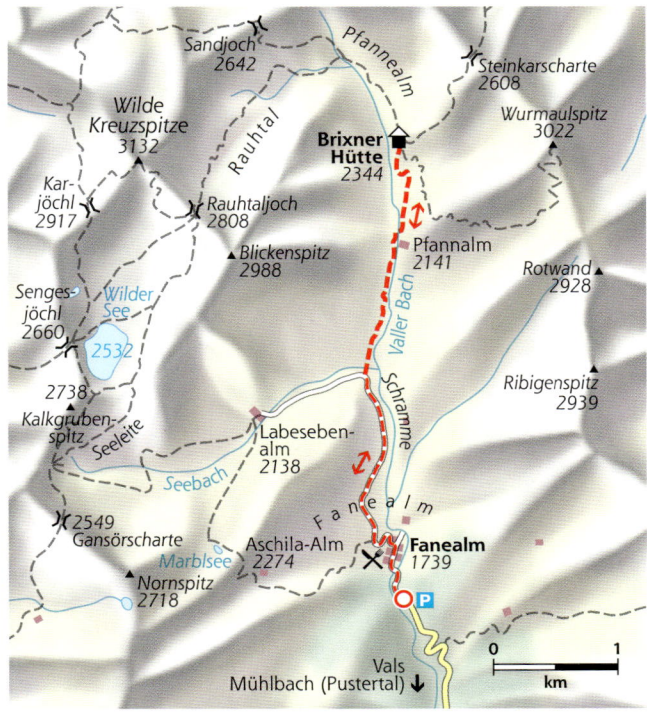

107

40 SIMILE MAHDALM
Stiller Winkel über dem oberen Eisacktal

leicht   3 ¾ Std.   730 Hm   11 km

AUSGANGSPUNKT
Niederflans (1289 m), kleiner Weiler oberhalb des Eisacktals; Zufahrt von Freienfeld über Valgenäun, eventuell bis zur Flaner Säge (1395 m) möglich (ohne Busanbindung).

GEHZEITEN
Aufstieg 2 ¼ Std., Abstieg 1 ½ Std.

AUFSTIEGSMETER
Ab Niederflans 730 Hm.

ANFORDERUNGEN
Völlig unschwieriger Anstieg auf breitem Forst- und Almweg. Für jeden halbwegs Ausdauernden begehbar.

KARTE
Tabacco, 1:25 000, Blatt 037 »Hochfeiler – Pfunderer Berge«.

TOURISMUSINFORMATION
Tourismusverband, I-39049 Sterzing, Tel. 0472/76 53 25.

HÜTTENSTECKBRIEF
Höhe: Simile Mahdalm, 2011 m
Besitzer: privat
Kapazität: 25 Schlafplätze
Bewirtschaftet: Mitte Juni–Ende September
Winterraum: nein
Telefon: 0472/64 71 62

ÜBERGÄNGE
Brixner Hütte (2344 m) über Sengesjöchl und Rauhtaljoch (Pfunderer Höhenweg), 4 Std.; Sterzinger Hütte (2344 m), 2 ½ Std.

GIPFELTOUREN
Höllenkragen (2387 m), 1 ¼ Std.; Wilde Kreuzspitze (3132 m) über Pfunderer Höhenweg, 3 ¾ Std.

Höllenkragen, Sengesspitze, Finsterstern – mit diesen Namen werden wohl nur eingefleischte Südtirolkenner etwas anfangen können. Dabei befinden wir uns hier nicht mehr als einen Katzensprung von Europas meistbefahrener Nord-Süd-Achse entfernt. Doch ein gut zweistündiger Fußmarsch hinauf zur Simile Mahdalm genügt, um der ganz normalen (verrückten) Hektik des 21. Jahrhunderts vollkommen zu entfliehen. Auch dem Massentourismus, wie er mancherorts in Südtirol und anderswo in den Alpen beachtliche Wellen schlägt. Hier umgibt uns in der Tat die viel beschworene Bergesruh – und verspricht reichlich Balsam für die Seele.

In puncto Hüttenwandern ist die Simile Mahdalm also noch ein echter Geheimtipp. In erster Linie dient sie auf dem Pfunderer Höhenweg als Etappenstützpunkt, ist sie doch die einzige Unterkunftsmöglichkeit auf der Strecke zwischen Wiesen bei Sterzing und der Brixner Hütte. Durchs waldumstandene Sengestal kommen Tageswanderer herauf – freilich meist in überschaubarer Zahl und ohne größere alpinistische Ambitionen. Hier ist wirklich Beschaulichkeit angesagt.

Von Niederflans durchs Sengestal Zunächst einmal gilt es, den richtigen Einstieg zu finden, ist man auf der Brenner-Staatsstraße zwischen Freienfeld und Mauls doch schnell einmal an der kleinen Abzweigung vorbeigehuscht. Über den Weiler Valgenäun führt eine kleine Bergstraße hinauf nach Niederflans, wo auch die Rainers von der Simile Mahdalm ihren Talsitz haben. Eine Forststraße führt weiter ins Sengestal hinein. Immer am Sengesbach entlang passieren wir die Flaner Säge und später die links am Hang stehenden Hütten von Untersenges. Mit einem Rechtsknick nach Obersenges und weiter in die Zone der Hochalmen hinauf. An steilen Südhängen entdecken wir unser Ziel, müssen aber zuvor noch einige Schleifen des Güterweges ausgehen, bevor wir uns dort zur verdienten Marende niederlassen können. Von der Hüttenterrasse aus schweift der Blick zurück über das Eisacktal und bleibt am Ostkamm der Sarntaler Alpen hängen.

Rechte Seite:
Die Simile Mahdalm dient als Stützpunkt am Pfunderer Höhenweg.

Blick von den Bergmähdern über das Eisacktal bis in die Sarntaler Alpen

Höllenkragen und Wilder See Wer noch ein Zusatzziel sucht, dem sei ganz besonders der Wilde See ans Herz gelegt, über den Pfunderer Höhenweg in Richtung Brixner Hütte binnen knapp zwei Stunden zu erreichen. Schon der abwechslungsreiche Anstieg durch Almgelände voll üppiger Blumenpracht präsentiert sich ungemein reizvoll; Knalleffekt ist aber, wenn man am Sengesjöchl plötzlich über dem Wilden See steht. Das größte natürliche Gewässer der Zillertaler Alpen soll fast 50 Meter tief sein, wie bereits 1834 (!) ausgelotet wurde.

Gipfelaspiranten werden sich vielleicht einmal dem Höllenkragen zuwenden, der am Auslauf des Kreuzspitzkamms aufragend eine wundervolle Aussicht über das obere Eisacktal bietet. In den steilen Graspleisen oberhalb der Simile Mahdalm ist ein wenig Vorsicht angezeigt, dann quert man zu den Plerschstadeln im Trenser Joch (2213 m) hinüber und geht den Gipfelaufbau schließlich von Norden an.

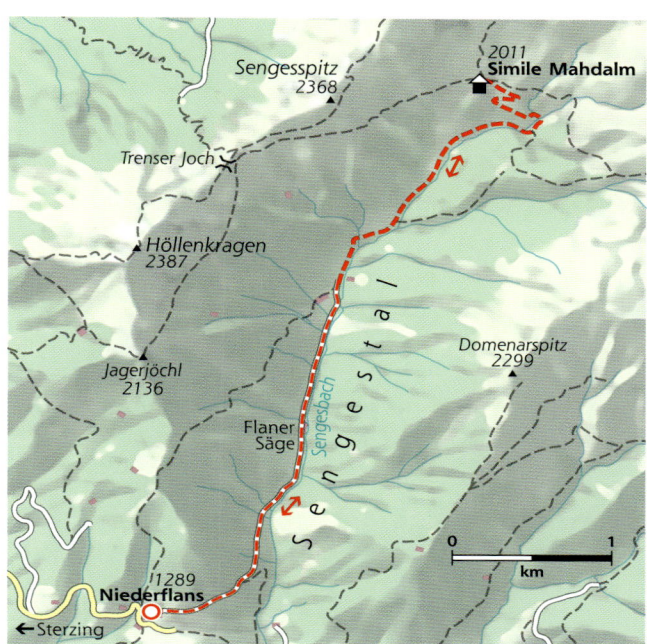

109

41 LANDSHUTER EUROPAHÜTTE
Die Grenzhütte am Tuxer Kamm

mittel 6 ½ Std. 1250 Hm 13 km

AUSGANGSPUNKT
Platz (1442 m) im Pfitscher Tal, ca. 2 km vor St. Jakob; Zufahrt von Sterzing/Wiesen, auch per Bus.

GEHZEITEN
Aufstieg 3 ½ Std., Abstieg über Beilsteinalm 3 Std.

AUFSTIEGSMETER
Ab Platz 1250 Hm.

ANFORDERUNGEN
Langer Hüttenanstieg auf markiertem Bergweg, im oberen Teil etwas steinig, aber gut ausgebaut. Die Abstiegsvariante nach St. Jakob ist streckenweise spärlich ausgetreten und noch etwas weiter.

KARTE
Tabacco, 1:25 000, Blatt 037 »Hochfeiler – Pfunderer Berge«.

TOURISMUSINFORMATION
Tourismusverband, I-39049 Sterzing, Tel. 0472/76 53 25.

HÜTTENSTECKBRIEF
Höhe: Landshuter Europahütte, 2693 m
Besitzer: DAV Sektion Landshut und CAI Sektion Sterzing, erbaut 1899
Kapazität: 88 Schlafplätze
Bewirtschaftet: Mitte Juni–Ende September
Winterraum: ja, offen
Telefon: 0472/64 60 76

ÜBERGÄNGE
Pfitscher-Joch-Haus (2275 m) über Landshuter Höhenweg, 2 ½ Std.

GIPFELTOUREN
Kraxentrager (2999 m), 1 Std.; Wildseespitze (2733 m) und Wolfendorn (2776 m), ¾ bzw. 2 Std.

1899 baute die Alpenvereinssektion Landshut hoch oben auf der Krete des Alpenhauptkamms ihre Stammhütte. Mitten in Tirol. Wer hätte damals gedacht, dass zwei Jahrzehnte später eine Staatsgrenze genau durch die Hütte verlaufen, sie in zwei Teile trennen würde – ein Kuriosum sondergleichen. Ob der politischen Turbulenzen um Südtirol, die bekanntermaßen noch bis in die Siebzigerjahre hinein bestanden, war eine optimale Führung natürlich schwierig. Alpinautor Sepp Schnürer stellte in dieser Zeit fest: »Die Landshuter Sektion war auch unter den neuen Verhältnissen bemüht, ihren Gebäudeteil zu erhalten und investiert laufend und mit Erfolg in dieses Vorhaben. Traurig sieht die südwestliche italienische Haushälfte aus. Dem Verfall preisgegeben, muss sie wohl abgeschrieben werden, wenn nicht bald zuständige italienische Stellen Einsicht zeigen und vielleicht dem Italienischen Alpenclub eine Rettungsaktion ermöglichen. Als Gemeinschaftshütte beider Vereine könnte die Landshuter Hütte, anstatt ein trauriges Denkmal engherziger Eigenstaatlichkeit zu sein, großzügig

Blütenpracht am Pfitscher Sonnenhang

den europäischen Einigungsgedanken zum Wohle aller Bergwanderer von Nord und Süd demonstrieren«. Genauso ist es inzwischen gekommen, verankert durch den neuen Namen: Landshuter Europahütte.

Rundtour aus dem Pfitscher Tal Selbstredend kann die Hütte auch aus dem Nordtiroler Venntal angesteuert werden, doch unter dem Thema dieses Buches halten wir es mit den südseitigen Routen von Pfitsch, deren es sogar mehrere gibt. Sehr beliebt ist der Höhenweg vom Pfitscher Joch aus (nachzulesen in meinem Band »Panoramawege in Südtirol«). Der übliche Zustieg aus dem Tal beginnt bei den Anwesen von Platz. Wir folgen dort der Bezeichnung 3a nordwärts bergauf, am Rande einer Wiese entlang und nach rechts über den Bach, wo wir im Wald vorübergehend auf einen breiteren Karrenweg treffen. Später zieht ein Steig in Windungen aufwärts, passiert dabei eine Abzweigung zur Bürstlingalm und durchbricht oberhalb der Zweitausendmeterlinie die Waldgrenze. Eine ausgeprägte Geländerippe bildet nun unsere Leitlinie, zwischenzeitlich mal ein Stück nach links ausweichend. Die Hänge werden zunehmend steinig, doch ist der Weg immer gut angelegt, streckenweise sogar durch Steinplatten zusammengefügt. Nach zahlreichen Kehren gewinnen wir die Höhe des Hauptkammes und mit ihr die Landshuter Europahütte als exzellente Panoramaloge über weite Teile Tirols, bei guter Sicht von den Innsbrucker bis zu den Bozner Hausbergen. Die nahe, 20 Meter höhere Kuppe heißt Friedrichshöhe.

Für den Abstieg sei guten Gehern die Variante 3b empfohlen. Dazu wählen wir zunächst für eine gute halbe Stunde den Landshuter Höhenweg in Richtung Ost, bis bei P. 2419 im Südkar des Kraxentragers der Weg talwärts ausgewiesen wird. Dem mickrigen Steig folgend über teils steilere Hänge, eine Plattenrinne links umgehend, zum großen Boden der Beilsteinalm (2019 m). Unterhalb treten wir wieder in bewaldetes Terrain ein und steigen über die ebenfalls recht steile untere Hangstufe bis nach St. Jakob in Innerpfitsch ab. Schließlich noch durch den Ort und auf der Hauptstraße einen knappen Kilometer zurück bis Platz.

Auf den Kraxentrager Dass es beim Kraxentrager (2999 m), dem Hausberg der Landshuter Europahütte, nicht ganz bis zum Dreitausender

langt, sollte niemanden verdrießen. Der Gipfel ist das ideale Extra für hochalpin beschlagene Wanderer, die auch einige felsige Passagen meistern können. Man begibt sich in die nahe Kammsenke, steigt am Südrücken über allerlei Blockwerk aufwärts und weicht dann etwas nach rechts in die Flanke aus. Zurück auf der Kammhöhe ohne Schwierigkeiten bis zu einer kleinen, aber markanten Zwischenerhebung, dahinter an Sicherungen etwa 20 Meter abwärts und schließlich am Blockschuttrücken bis zum Kreuz hinauf.

Direkt am Alpenhauptkamm zwischen Nord- und Südtirol gelegen, ist die Landshuter Hütte Symbol für den Europagedanken.

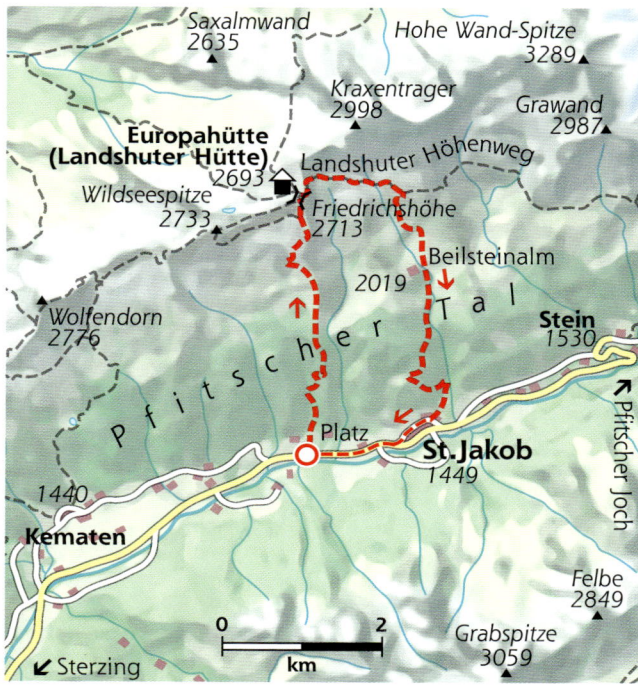

111

42 HOCHFEILERHÜTTE
Sprungbrett für den höchsten Zillertaler

mittel | 5 Std. | 1000 Hm | 12 km

AUSGANGSPUNKT
Bei der dritten Kehre der Pfitscher-Joch-Straße (1718 m); Zufahrt von Sterzing durchs Pfitschtal (Bus bis Stein).

GEHZEITEN
Aufstieg 3 Std., Abstieg 2 Std.

AUFSTIEGSMETER
Etwa 1000 Hm.

ANFORDERUNGEN
Gewöhnlicher Bergweg ohne besondere Schwierigkeiten für elementar trittsichere Geher. Mit 1000 Hm schon recht stattliches Pensum.

KARTE
Tabacco, 1:25 000, Blatt 037 »Hochfeiler – Pfunderer Berge«.

TOURISMUSINFORMATION
Tourismusverband, I-39049 Sterzing, Tel. 0472/76 53 25.

HÜTTENSTECKBRIEF
Höhe: Hochfeilerhütte, 2710 m
Besitzer: AVS Sektion Sterzing, erbaut 1986
Kapazität: 95 Schlafplätze
Bewirtschaftet: Anfang Juni–Anfang Oktober
Winterraum: ja, offen
Telefon: 0472/64 60 71

ÜBERGÄNGE
Edelrauthütte (2545 m) über Untere Weißzintscharte, Gletschertraverse, 2 Std.

GIPFELTOUREN
Hochfeiler (3510 m), hochalpiner Steig (jahreszeitlich Firn), 2 ½ Std.; Hochferner (3470 m), vergletschert, 3 Std.

Seit jeher gilt der Hochfeiler in Bergsteigerkreisen als Paradeziel, schließlich ist er nicht weniger als der Höchste der gesamten Zillertaler Alpen. Der Berg besitzt zwei Gesichter, und jenes nach Norden schaut besonders imposant, aber auch sehr grimmig aus. Ohne Zweifel sind die bis zu 60 Grad steilen Eisschläuche über dem zerklüfteten Schlegeiskees nur etwas für Experten. Anders auf der Rückseite, wo der nach Südwesten ausstreichende Gratrücken eine Anstiegslinie für den Normalbergsteiger bietet. Schon 1881 unterstützte der Österreichische Alpenklub diese populäre Route mit dem Bau der Wiener Hütte, günstig postiert am so genannten Hintergras zwischen den Moränenfeldern des Glieder- und Weißkarferners. 1967 stand nur noch eine Ruine. Fortan waren Bergsteiger, die zum Hochfeiler wollten, fast zwei Jahrzehnte lang auf den Umweg via Edelrautehütte angewiesen oder mussten das gewaltige Pensum von der Pfitscher-Joch-Straße an einem Tag bewältigen – bis der Südtiroler Alpenverein etwas oberhalb des alten Standortes ein neues Haus baute, geografisch angemessen Hochfeilerhütte getauft. In ihrer Funktion ist sie nämlich zur Hauptsache auf den stolzen Hausberg ausgerichtet, ab und an mögen auch Hochferner und Weißzint bestiegen sowie der alpine Übergang zur Edelrautehütte vollzogen werden. Doch auch wer es mit der Hüttenwanderung bewenden lässt, erlebt eine vortreffliche, von Gletschern und großen, kantigen Gipfeln geprägte Urlandschaft, wie sie den Zillertaler Hauptkamm auszeichnet.

Ins Trogtal des Gliederferners Auf der Fahrt durchs Pfitschtal passieren wir den hintersten Weiler Stein und parken unser Auto an der dritten Kehre der einst vom Militär angelegten Straße aufs Pfitscher Joch. Mit Bezeichnung 1 geht es kurz ins Oberbergtal hinein, dort auf die andere Bachseite und hinauf zu einem Pulk alter Heuhütten. »Wiener Neustadt«, vermerkt die Landkarte. Nach einer Reihe von Kehren schließt sich an den linksseitigen Hängen, ein gutes Stück über der Unterbergsohle, eine längere Aufwärtstraverse an. Dabei allmählich links eindrehend in den hinteren Talabschnitt, wo der Gliederferner dominiert und auch der Hochfeiler ins Blickfeld tritt. Rechts davon der Hohe Weißzint. Stets auf der nördlichen Hangseite des Gletschertroges verbleibend zu den Moränen des Weißkares, den einen oder anderen Abfluss überschreitend und die letzte halbe Stunde hinauf

Spätherbstimpressionen bei der Hochfeilerhütte

Unterwegs am Gipfel-grat des Hochfeilers

zur herrlich gelegenen Hochfeilerhütte. Hier fühlt man sich von grünenden Tälern schon weit entrückt und von der hochalpinen Welt vollkommen gefangen genommen.

Topziel Hochfeiler Dass unser derzeitiger Klimawandel Berge verändert, speziell im vergletscherten Hochgebirge, dürfte mittlerweile allgemein bekannt sein. Oft ist in diesem Zusammenhang von erhöhten Schwierigkeiten und steigender Gefahr für die Alpinisten die Rede. Es kann aber auch umgekehrt kommen, wie uns am Hochfeiler vor Augen geführt wird. Wurde der Anstieg früher als echte Hochtour – die man mit Pickel, Steigeisen, gegebenenfalls auch Seil anging – gehandelt, sind solcherlei Utensilien mittlerweile nur noch bei ungünstigen Bedingungen notwendig. Aus dem Hochfeiler ist (beinahe) ein Wanderberg geworden, den man schon allein wegen seiner Höhe dennoch nicht unterschätzen sollte. Eine kurze gesicherte Stufe bringt uns von der Hütte auf den Ausläufer des Südwestgrates, durch den die Route klar vorgegeben ist. In wechselnder Steilheit, zuoberst mitunter doch noch mit Eisberührung, verfolgen wir die Kammschneide und erreichen ohne wesentliche Kletterei den höchsten Punkt.

43 EDELRAUTHÜTTE
Am Eisbruggjoch zwischen Lappach und Pfunders

leicht 3 ¾ Std. 690 Hm 9/13 km

AUSGANGSPUNKT
Neves-Stausee (1856 m); Zufahrt durchs Mühlwalder Tal (Bus bis Lappach). Oder bei den obersten Höfen von Dun (1608 m); Zufahrt durchs Pfunderer Tal (Bus bis Pfunders).

GEHZEITEN
Aufstieg vom Neves-Stausee 2 ¼ Std., Abstieg 1 ½ Std.; Aufstieg von Dun 3 Std., Abstieg 2 Std.

AUFSTIEGSMETER
Ab Neves-Stausee 690 Hm, ab Dun 940 Hm.

ANFORDERUNGEN
Normale, markierte Bergwanderwege, aus dem Pfunderer Tal ein gutes Stück länger als vom Neves-Stausee aus.

KARTE
Tabacco, 1:25 000, Blatt 037 »Hochfeiler – Pfunderer Berge« oder 036 »Sand in Taufers«.

TOURISMUSINFORMATION
Tourismusverband Tauferer Ahrntal, I-39030 Steinhaus, Tel. 0474/65 20 81

HÜTTENSTECKBRIEF
Höhe: Edelrauthütte, 2545 m
Besitzer: Autonome Provinz Südtirol, erbaut 1908
Kapazität: 47 Schlafplätze
Bewirtschaftet: Anfang Juni–Anfang Oktober
Winterraum: ja, offen
Telefon: 0474/65 32 30

ÜBERGÄNGE
Nevesjochhütte (2413 m) über Neveser Höhenweg, 3 Std.; Hochfeilerhütte (2710 m) über Untere Weißzintscharte, 2 ½ Std.; Tiefrastenhütte (2312 m) über Pfunderer Höhenweg, 6 ½ Std.; Brixner Hütte (2344 m) über Pfunderer Höhenweg, 8 Std.

GIPFELTOUREN
Napfspitze (2888 m), 1 Std.; Hoher Weißzint (3370 m), kombiniert (Fels bis I), 3 Std.; Hochfeiler (3510 m), Gletschertraverse, 4 Std.

Die Hütte, um die es hier geht, firmiert geografisch korrekt auch unter dem Namen Eisbruggjochhütte, aber die Anrede Edelrauthütte ist älter und darf deshalb bevorzugt werden. 1908 hatte die Wiener Gesellschaft »Edelraute« des Österreichischen Alpenklubs den Erstbau veranlasst, vorteilhaft in der Jochsenke zwischen den Talschlüssen von Lappach und Pfunders und damit auch von beiden Seiten gut erreichbar. Enteignung und Verwahrlosung treten auch hier als düstere Kapitel Südtiroler Hüttengeschichte in Erscheinung. Doch die Wogen haben sich geglättet. Unsere Zeit schätzt die Edelrauthütte als wichtigen Tourenstützpunkt am Südabhang des Zillertaler Hauptkammes, unerlässlich für eine Begehung des Pfunderer Höhenweges, günstig auch für den Neveser Höhenweg als Talschlussrunde hinüber zur Nevesjochhütte und für die Weißzinte als nächste Dreitausender. Die Leitung, seit mehr als drei Jahrzehnten in der Hand von Familie Weißsteiner, ist herzlich und aufopfernd, wie es sich die Bergsteiger wünschen. Natürlich steht demnächst ein Neubau an, denn der Zahn der Zeit ist an dem Gebäude nicht spurlos vorübergegangen.

Durchs Pfeifholder Tal Tageswanderer wählen in der Mehrzahl den Zugang von Osten, wo mit der Werkstraße zum Neves-Stausee die Ausgangsbasis schon auf gut 1850 Meter verlegt wird. Beim Blick über den Stausee, der von ringsum die Gletscherwasser sammelt, bringt sich im Hintergrund der Große Möseler zur Geltung. Wir gehen über die Staumauer und am breiten Ufersträßchen entlang, bis links ein Weg (Nr. 26) ins Pfeifholder Tal abzweigt. Der Waldgürtel lichtet sich rasch, dann heißt es ohne größere Umschweife stetig aufwärtssteigen, ehe ganz am Schluss noch einige Kehren ins Eisbruggjoch leiten. Mit dem Blick in zwei unterschiedliche »Welten« können wir hochzufrieden sein: zurück über den Mühlwalder Kamm bis zu den schroffen Häuptern der Rieserfernergruppe, südwestwärts hingegen über die Flur der Pfunderer Berge und zum schmucken Eisbruggsee, der direkt unterhalb das Hochtal ziert.

Von Dun durchs Eisbruggtal Mit diesem Kleinod schließen wir nähere Bekanntschaft, wenn wir den längeren Weg aus dem Pfunderer Tal unter die Füße nehmen. Bis zum Streuweiler Dun auf ca. 1600 Meter Höhe kann Motorkraft ausgenutzt werden, dann aber beginnt die »Fußgängerzone«. Bei den Talverzweigungen folgen wir zweimal dem rechten Ast und gelangen mit Nr. 13 über eine steile Geländestufe hinweg ins Eisbruggtal. Rechter Hand mündet der Pfunderer Höhenweg im Abstieg von der Kuhscharte, ehe höher oben die Eisbruggalm passiert wird. Zum gleichnamigen See ist es von dort noch eine halbe Stunde – begeistert treten wir über die Geländeschwelle und sind verblüfft ob der Größe dieses Gewässers. Schwer fällt es sich davon loszureißen, doch die letzten 200 Höhenmeter hinauf zur Edelrauthütte werden wir jetzt auch noch diszipliniert bewältigen, in Erwartung einer zünftigen Marende als Belohnung.

Zugabe Napfspitze Wer im Rahmen eines Tagesprogramms einen Gipfel anvisiert, fährt wohl am besten mit der Napfspitze (2888 m). Sie erhebt sich direkt über dem Joch, vis-à-vis des Hauptkammes, und ist leichter zu besteigen als es zunächst vielleicht den Anschein hat. Denn die Blöcke

Die Edelrauthütte steht genau am Eisbruggjoch zwischen Pfunderer und Mühlwalder Tal.

und Platten sind gut verlegt und der Pfad windet sich geschickt am wenig ausgeprägten Grat in die Höhe, kommt nahe an der Pfeifholderspitze vorbei und dreht schließlich nach rechts zum höchsten Punkt ab. Faszinierend ist der Blick in das Gefüge der dunkelgrünen Pfunderer Berge und zur mächtigen Dreitausender-Front des Hauptkammes mit Hochfeiler, Weißzint, Möseler und Turnerkamp.

Das Eisbruggtal leitet von Südwesten zur Hütte

44 NEVESJOCHHÜTTE
Die Alte Chemnitzer Hütte

leicht · 2 ½ Std. · 560 Hm · 6/11 km

AUSGANGSPUNKT
Parkplatz am Neves-Stausee (1856 m), im innersten Mühlwalder Tal; Zufahrt auf schmaler Bergstraße (Bus von Sand bis Lappach). Oder im inneren Weißenbachtal (1375 m), gut 1 km hinter dem Ortskern von Weißenbach; Zufahrt von Luttach (Bus von Sand).

GEHZEITEN
Ab Neves-Stausee 1 ½ Std., Abstieg 1 Std.; ab Weißenbach 3 Std., Abstieg 2 Std.

AUFSTIEGSMETER
Ab Neves-Stausee 560 Hm, ab Weißenbach 1050 Hm.

ANFORDERUNGEN
Leichte, markierte Bergwanderwege, vom Neves-Stausee relativ kurz, ab Weißenbach hingegen mehr als 1000 Hm und entsprechende Ausdauer erforderlich (Bewertung mittel).

KARTE
Tabacco, 1:25 000, Blatt 036 »Sand in Taufers«.

TOURISMUSINFORMATION
Tourismusverband Tauferer Ahrntal, I-39030 Steinhaus, Tel. 0474/65 20 81.

HÜTTENSTECKBRIEF
Höhe: Nevesjochhütte, 2419 m
Besitzer: Autonome Provinz Südtirol, erbaut 1895
Kapazität: 60 Schlafplätze
Bewirtschaftet: Mitte Juni–Mitte Oktober
Winterraum: ja, offen
Telefon: 0474/65 32 44

ÜBERGÄNGE
Edelrauthütte (2545 m) über Neveser Höhenweg, 3 Std.; Schwarzensteinhütte (2922 m) über Stabelerweg, alpin, 7 Std.; Bergstation am Speikboden über Kellerbauerweg, 5 ½ Std.

GIPFELTOUREN
Schaflahnernock (2703 m), 1 Std.; Großer Möseler (3479 m), kombinierte Hochtour, 4 Std.

Die Nevesjochhütte ist gleichsam das Pendant zur Edelrauthütte auf der gegenüberliegenden Seite des Lappacher Talschlusses; verbunden sind beide durch einen großartigen Höhenweg, der den gesamten Kessel umrahmt. Die Chronik berichtet von der ersten Hütte am Nevesjoch schon ab dem Jahr 1880, initiiert durch die Alpenvereinssektion Taufers. Schon bald trat die Sektion Chemnitz ihre Nachfolge an, die in der Lage war, den Erfordernissen der Zeit Rechnung zu tragen und einen größeren Bau zu errichten. Daher rührt auch die Bezeichnung Chemnitzer Hütte, wie sie zum Teil noch gebräuchlich ist. Der dritte Name, Rifugio Giovanni Porro, wurde hingegen von der Sektion Mailand vergeben, die seinerzeit die Italianisierung umsetzte, wie man das ja bei allen vom CAI übernommenen Hütten kennt. Die Nevesjochhütte – bleiben wir dabei – liegt an einer tourenstrategisch außerordentlich günstigen Position, laufen hier doch der erwähnte Neveser Höhenweg von der Edelrauthütte, der Kellerbauerweg vom Speikboden sowie der hochalpine Stabelerweg von der Schwarzensteinhütte zusammen: Glanzlichter, die in meinem Buch »Panoramawege in Südtirol« ausführlich beschrieben sind. Und mit Möseler, Turnerkamp & Co. stehen einige der stattlichsten Zillertaler Urgesteinsriesen in Reichweite.

Kurzanstieg vom Neves-Stausee Der Passübergang am Nevesjoch ermöglicht Zustiege von zwei Talseiten, wobei sich wieder einmal der Neves-Stausee als die günstigste Startrampe erweist. Man wandert vom letzten Parkplatz zuerst am Ostufer entlang und begibt sich hinter der Jausenstation Untermaurer Alm mit Nr. 24 rechts bergauf. Ein breiter Weg mit Abkürzern führt zur Oberen Nevesalm und zu einem Hochtalboden, von dem wir ostwärts weiter zum Nevesjoch ansteigen.

Aus dem Weißenbachtal Doppelt so lang, aber auch stiller ist der Zugang aus dem Weißenbachtal, das sich hinter den letzten Anwesen und der deutli-

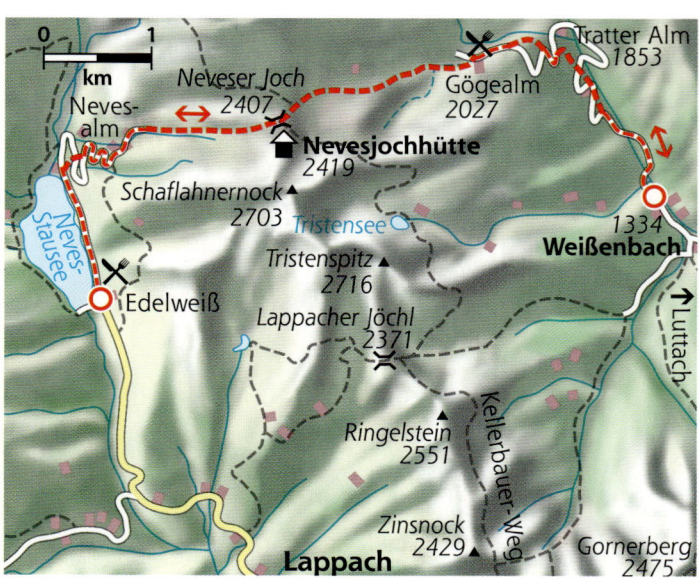

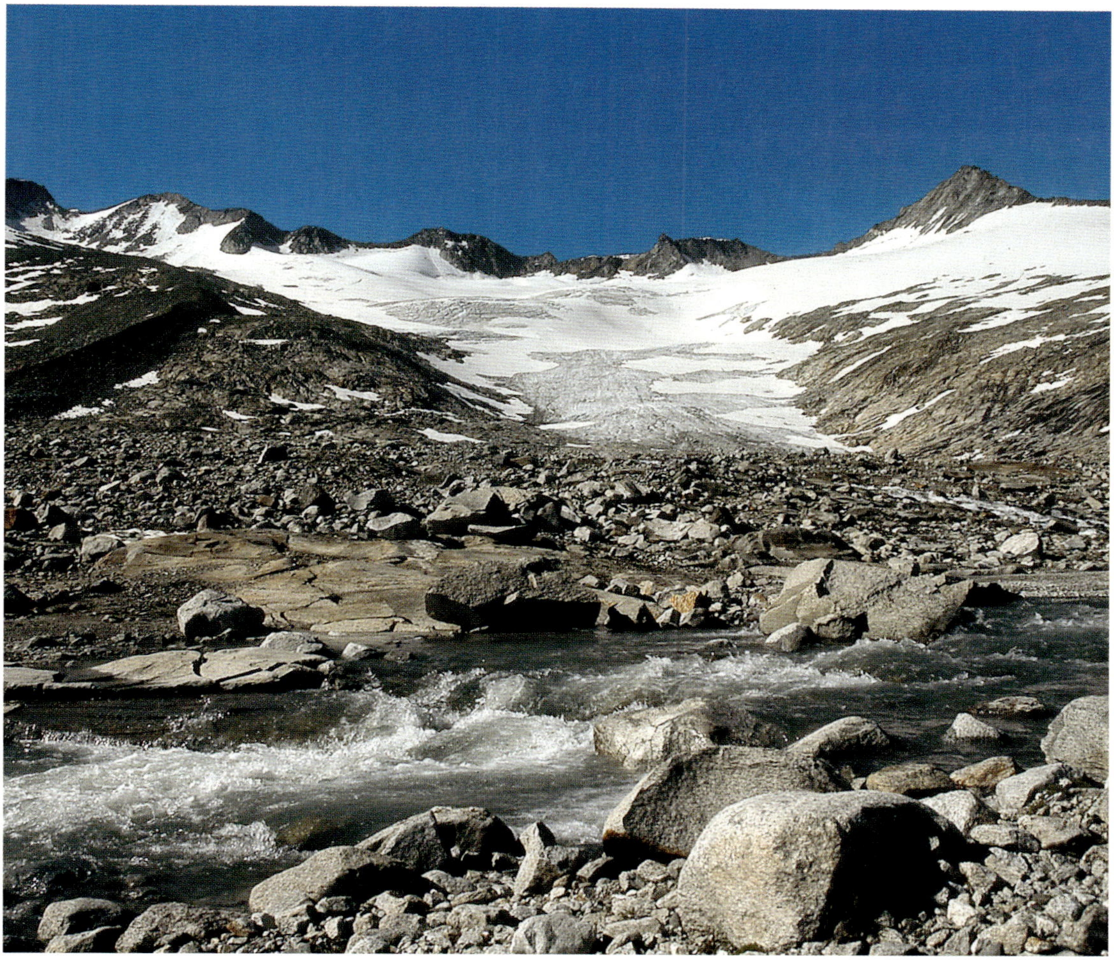

chen Rechtsbiegung im Trattenbachtal fortsetzt. Via Tratteralm (1852 m) links haltend über eine Geländestufe zur Gögealm (2027 m) – beide im Sommer einfach bewirtschaftet – und damit in ein sekundäres Hochtal, in dem nun westwärts die Hütte am aussichtsreichen Nevesjoch angesteuert wird.

Im Gletschervorfeld des Nevesferners

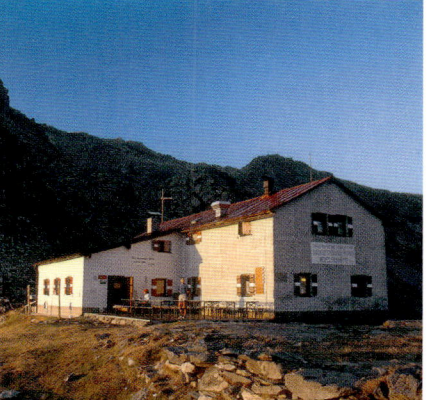

Von der Morgensonne beschienen: die Nevesjochhütte

Zugabe Schaflahnernock Wer erst mit einem Gipfel so richtig zufrieden zu stellen ist, findet die beste Gelegenheit am Schaflahnernock (2703 m), der gleich hinter der Hütte aufragt. Kaum zu glauben, dass dieser eigentlich relativ harmlose Blockmugel einem der besten Kletterer seiner Zeit, Johann Niederwieser alias »Stabeler«, zum Verhängnis wurde. Einer der Vajolettürme im Rosengarten sowie der Stabeler-Höhenweg halten die Erinnerung an den Kletterpionier wach. Wir folgen der Steigspur in die nordwestlich des Gipfels eingelagerte Mulde, halten uns dort links und ersteigen die steile Blockflanke bis zur Spitze, wo sich ein toller Rundumblick auftut.

45 SCHWARZENSTEINHÜTTE, KEGELGASSLALM
Zum höchsten Haus der Zillertaler Alpen

schwierig 7 ½ Std. 1550 Hm 12 km

AUSGANGSPUNKT
Stalliler (1472 m); Bergstraße von
St. Johann im Ahrntal (Bus bis dort).

GEHZEITEN
Aufstieg ab Stalliler 4 Std., Abstieg über
Hohes Tor und Kegelgasslalm 3 ½ Std.

AUFSTIEGSMETER
Bis Schwarzensteinhütte 1450 Hm,
zusätzlich ca. 100 Hm Gegenanstiege.

ANFORDERUNGEN
Langer, anstrengender Bergsteig bis in
hochalpines Gelände, zuoberst
Klettersteig oder über Firn und gesicherte
Gletscherschliffe. Nur für ausdauernde,
absolut trittsichere und alpin erfahrene
Geher geeignet.

KARTE
Tabacco, 1:25 000, Blatt 036
»Sand in Taufers«.

TOURISMUSINFORMATION
Tourismusverband Tauferer Ahrntal,
I-39030 Steinhaus, Tel. 0474/65 20 81.

HÜTTENSTECKBRIEF
Höhe: Schwarzensteinhütte, 2922 m
Besitzer: Autonome Provinz Südtirol,
erbaut 1894
Kapazität: 70 Schlafplätze
Bewirtschaftet: Ende Juni–Ende
September, Anfang März–Anfang Mai
Winterraum: ja, offen
Telefon: 0474/67 11 60

Höhe: Kegelgasslalm, 2109 m
Besitzer: privat, erbaut 1998
Kapazität: 12 Schlafplätze
Bewirtschaftet: Mitte Juni–Mitte Oktober
Winterraum: nein
Telefon: 348/873 01 73

ÜBERGÄNGE
Nevesjochhütte (2419 m) über
Stabelerweg, alpin, 6 ½ Std.

GIPFELTOUREN
Schwarzenstein (3369 m), vergletschert,
1 ½ Std.; Großer Löffler (3378 m),
vergletschert, von beiden Hütten
ca. 4 Std.; Kreuzkofel (2420 m),
ab Kegelgasslalm 1 Std.

Gegen Ende des 19. Jahrhunderts hatten die Erschließungstätigkeiten des Alpenvereins nahezu alle namhaften Gebirgsgruppen erfasst. Besonders das vergletscherte Hochgebirge am Alpenhauptkamm verströmte eine magische Anziehungskraft, so auch in den Zillertaler Alpen, wo die Sektion Leipzig auf der Südseite des Schwarzensteins ein hoch gelegenes Schutzhaus baute. Es ist dem mächtigen Kulissenberg des Tauferer Ahrntals bedeutend näher als dem Talboden. Ganz oben auf der Trippachschneide thront die Schwarzensteinhütte wie ein Adlerhorst und gewährt eine außerordentlich weite Schau, die der eines hohen Gipfels schon fast ebenbürtig ist. Nur wer nach Nordtirol hinüberschauen möchte, der muss natürlich noch eine Schippe drauflegen.

Mit der Kegelgasslalm erscheint in diesem Kapitel eine zweite Hütte, die sich auf eine jüngere Privatinitiative gründet. Vor einem Jahrzehnt bauten die Grubers ihre Alm zu einer gemütlichen Unterkunft um, in deren herzlicher Atmosphäre man sich auf Anhieb wohlfühlt. Ich lernte sie erstmals während einer Hochtour auf den Großen Löffler kennen, für die sie außerordentlich nützlich ist. Aber auch wer nicht so hoch hinaus will, kann auf halbem Weg zwischen Tal und Berg die Ahrntaler Bergwelt richtig genießen. Für Ausdauernde ist die nachfolgend vorgestellte Kombination, also der Aufstieg über den üblichen Weg zur Schwarzensteinhütte und der Wechsel über das Große Tor zur Kegelgasslalm, ideal.

Der lange Weg zur Trippachschneide Vom Stallilerhof wandern wir zunächst auf dem gesperrten Wirtschaftsweg ins Rotbachtal hinein. Vorbei an einigen Almen setzt die als Jausenstation geführte Daimerhütte (1872 m) eine erste Landmarke auf dem langen Anstieg. Nun reiht sich auf einem Steig (Nr. 23), stets im rechten Teil des weiten Taleinschnitts verbleibend, Serpentine an Serpentine. Das Grün verliert sich allmählich in der steilen, vor langer Zeit aufgeschütteten Stirnmoräne des Rotbachkeeses, das sich weit in den hinteren Karwinkel zurückgezogen hat. Tafeln mit alpinhistorischen Erklärungen sorgen in Abständen am »Stabeler Stein«, an der »Quelle« sowie am Abzweig des Stabelerwegs für Kurzweil. Rechter Hand erkennen wir den Durchschlupf des Großen Tores, vorgemerkt für später. War die Route bis hierher ein gut gefügter Bergsteig ohne besondere Hürden, wird es nun ernst. Schroff baut sich die Trippachschneide vor uns auf, zwei Varianten für den Durchstieg zur Schwarzensteinhütte anbietend. Wer sich eine zünftige Klettersteigeinlage zutraut, wählt rechter Hand die Route durch den »Kamin«, die in steilem Gneis bis auf den Blockrücken und an dessen linker Flanke zur Hütte leitet. Ganz ohne Sicherungen kommt auch die Umgehung auf der Westseite nicht aus, wo nach der Firnmulde des Rotbachkeeses einige glatt geschliffene Felsbänke überwunden werden müssen. Gänzlich unschwierig ist also keine Route, doch die traumhafte Lage der Schwarzensteinhütte belohnt unseren Einsatz allemal.

Durchs Große Tor zur Kegelgasslalm Im Abstieg wechseln wir mit einem kurzen Gegenanstieg durch das markante, in der langen Gratrippe eingeschnittene Große Tor und befinden uns damit auf dem Übergang (Nr. 19) ins benachbarte Trippachkar, das gar noch ausgedehnter ist. Jenseits auf einen Moränenrücken und zügig zur gastlichen Kegelgasslalm. Man setzt das

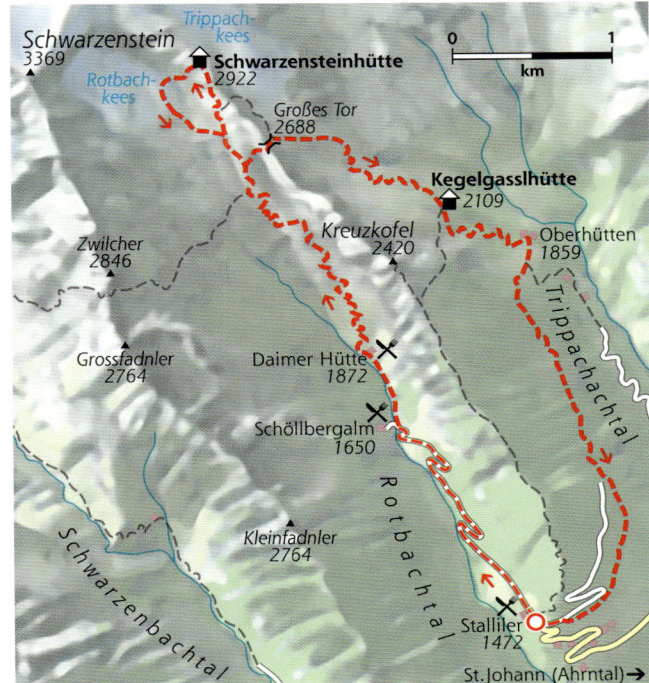

Bergab durch einige Latschenbestände Richtung Oberhütten fort, lässt den Weg über die Hofer-Paul-Hütte zu den Trippachhöfen abziehen (von dort bester Zustieg, wer nur die Kegelgasslalm besuchen möchte) und wendet sich dem Putzweg zu. Dieser ist inzwischen leider zu einer breiten Fahrtrasse ausgebaut, auf der wir einen Bogen um den Rohrberg vollziehen und direkt wieder beim Stalliler herauskommen.

Im Trippachtal, knapp unterhalb der Kegelgasslalm

Lang und hochalpin ist der Aufstieg aus dem Ahrntal zur Schwarzensteinhütte, die demnächst abgerissen und auf gut 3000 Metern neu errichtet werden soll.

46

BIRNLÜCKENHÜTTE
Am Ursprung des Ahrntals

mittel | 5 ¼ Std. | 860 Hm | 15 km

AUSGANGSPUNKT
Kasern (1582 m), am Endpunkt der öffentlichen Straße ins Ahrntal; Buslinie von Bruneck.

GEHZEITEN
Aufstieg 3 Std., Abstieg 2 ¼ Std.

AUFSTIEGSMETER
Ab Kasern 860 Hm.

ANFORDERUNGEN
Zuerst lange Flachstrecke auf breiter Trasse, dann teilweise steilerer Bergweg, aber ohne besondere Hürden. Ausdauer angezeigt.

KARTE
Tabacco, 1:25 000, Blatt 035 »Ahrntal – Rieserfernergruppe«.

TOURISMUSINFORMATION
Tourismusverband Tauferer Ahrntal, I-39030 Steinhaus, Tel. 0474/65 20 81.

HÜTTENSTECKBRIEF
Höhe: Birnlückenhütte, 2441 m
Besitzer: Autonome Provinz Südtirol, erbaut 1900
Kapazität: 46 Schlafplätze
Bewirtschaftet: Mitte Juni–Mitte Oktober
Winterraum: ja, offen
Telefon: 0474/65 41 40

ÜBERGÄNGE
Warnsdorfer Hütte (2324 m) und Krimmler Tauernhaus (1622 m) über Birnlücke, 3 bzw. 4 Std.; über den Lausitzer Weg zurück nach Kasern, je nach Variante 4 ½–5 ½ Std.

GIPFELTOUREN
Dreiherrnspitze (3498 m), Gletschertour, 4 Std.; Klockerkarkopf (2912 m), 1 ¾ Std.

Das Ahrntal zieht sich als zentralalpines Bilderbuchtal bis in den äußersten nordöstlichen Winkel Südtirols, wo an der Birnlücke die Zillertaler Alpen auf die Venedigergruppe stoßen. Nicht weit unterhalb steht die Birnlückenhütte im Angesicht der Dreiherrnspitze, die in ihrer topografischen Schlüsselposition einst als Grenzmarke zwischen den Hoheitsgebieten der Fürstbischöfe von Salzburg sowie der Grafen von Tirol und derer von Görz fungierte. Von der Hütte blicken wir überdies genau in die lange Achse des Ahrntals zurück und loben den Standort als Ziel einer Wanderung, die zwar nicht ganz kurz, aber für Gehfreudige doch locker zu schaffen ist.

Talschlusswanderung von Kasern Der Großparkplatz in Kasern ist der allgemeine »Umschlagplatz« im inneren Ahrntal. Zahlreiche Besucher fallen gleich mit der Tür ins Haus, sprich in die nächstbesten Gasthöfe, viele laufen ein Stück talein und verteilen sich dort auf diverse Jausenstationen. Wir wollen freilich weiter. Erster Blickfang am Wegrand ist die im 15. Jahrhundert geweihte Kirche Heilig Geist, die dem Talboden einen pittoresken Akzent verleiht. Via Trinkstein zieht sich die Flachetappe noch mehrere Kilometer einwärts; erst bei der Kehrer Alm (1842 m) erreicht man endlich einen Fußweg und kann steiler bergan ziehen. Nach der ersten Talstufe öffnet sich bei der Lahner Alm (1986 m) nochmals ein kleiner Boden, das Lahner Moos. Vorbei an den Sumpfwiesen geht es an die eigentliche Fleißaufgabe des Tages heran, den noch 400 Höhenmeter messenden Geländeabsatz des Bockegg, über dem nach anhaltendem Zickzack die Birnlückenhütte auftaucht.

Lausitzer Weg Für eine Variante kommt der am Sonnenhang verlaufende Lausitzer Weg infrage, der in verschiedenen Teilstrecken begangen werden kann. Seine volle Länge bis zum Hundskehljoch ist freilich beachtlich und nur etwas für alpine Dauerläufer (beschrieben in meinem Buch »Panoramawege in Südtirol«). Man kann allerdings auch schon früher die »Biege« talwärts machen. Von der Birnlückenhütte wird zunächst der nahe Graben überschritten und nahezu horizontal ein Kesseleinschnitt ausgegangen. Obacht bei abschüssigen Passagen! Eine Abzweigung weist zum Klockerkarkopf, der unsinnigen »Vetta d'Italia« der italienischen Faschisten. An

Am Lausitzer Höhenweg

der Pfaffenschneide steigen wir in die steile Teufelsstiege ein und finden uns kurz darauf eine Etage tiefer im Kerrachkar wieder. Dort gilt es, die zuvor verlorenen Höhenmeter wieder zurückzuholen. Unter dem Krimmler Tauern gammelt die ehemalige Neugersdorfer Hütte (2567 m) vor sich hin. Sie wurde Anfang des 20. Jahrhunderts vom Alpenverein gebaut, später als Grenzposten veruntreut und schließ

lich aufgegeben. Kurz darauf entdecken wir die erste Abstiegsmöglichkeit über den kehrenreichen Weg Nr. 14 zurück in die Talsohle. Wem es grad so gut gefällt, der kann auch am Lausitzer Weg bleiben, die Schüttal- und die Geiereggschneide übersteigen und erst 1½ Stunden später, unterhalb des Heilig-Geist-Jöchls, talwärts abdrehen. Mit Nr. 15 kommt man in diesem Fall direkt in Kasern heraus.

Die Birnlückenhütte liegt quasi am Ursprung des Ahrntals.

mittel 5 ½ Std. 1000 Hm 15 km

AUSGANGSPUNKT
Kasern (1582 m), am Endpunkt der öffentlichen Straße ins Ahrntal (Buslinie von Bruneck).

GEHZEITEN
Aufstieg durchs Röttal 3 ¼ Std., Abstieg durchs Windtal 2 ¼ Std.

AUFSTIEGSMETER
Ab Kasern gut 1000 Hm.

ANFORDERUNGEN
Durchwegs unschwierige, markierte Bergwege mit phasenweise etwas steileren Abschnitten. Wichtig ist vor allem eine gute Kondition.

KARTE
Tabacco, 1:25 000, Blatt 035 »Ahrntal – Rieserfernergruppe«.

TOURISMUSINFORMATION
Tourismusverband Tauferer Ahrntal, I-39030 Steinhaus, Tel. 0474/65 20 81.

HÜTTENSTECKBRIEF
Höhe: Lenkjöchlhütte, 2590 m
Besitzer: Autonome Provinz Südtirol, erbaut 1887
Kapazität: 40 Schlafplätze
Bewirtschaftet: Ende Juni–Anfang Oktober
Winterraum: ja, offen
Telefon: 0474/65 41 44

ÜBERGÄNGE
Clarahütte (2038 m) über das Vordere Umbaltörl, alpin, 4 Std.

GIPFELTOUREN
Rötspitze (3495 m), kombiniert bis II, 3 Std.; Dreiherrnspitze (3498 m), Gletschertour, 4 Std.; Ahrner Kopf (3050 m), Blockkletterei, 2 ¼ Std.

Neben der im vorherigen Kapitel vorgestellten Birnlückenhütte ist als zweiter Stützpunkt im hinteren Ahrntal auch die Lenkjöchlhütte auf die Dreiherrnspitze ausgerichtet. Deutlich näher noch steht ihr allerdings die Rötspitze – die Nordwestflanke mit dem Rötkees schaut direkt in die Hüttenfenster. Im Bannkreis der Dreitausender wirkt die Umgebung natürlich streng hochalpin, doch auch der reine Wanderer ist eingeladen, auf der abwechslungsreichen Rundtour via Röttal und Windtal die versteckte Lenkjöchlhütte zu besuchen.

Einst drückte der Bergbau dieser Gegend seinen Stempel auf, und vor allem beim Aufstieg ins Röttal sind dessen Zeugnisse noch häufig erkennbar. Das Kupfer aus dem Ahrntal galt als besonders hochwertig. Heute ist das alles Geschichte, aber drunten in Prettau kann man ja das Landesbergbaumuseum besuchen, vielleicht ein guter Tipp zur Abrundung, wer sich für die montane Vergangenheit interessiert. Die Hüttenchronik weist indessen das Jahr 1887 aus, als am Lenkjöchl die erste bescheidene Unterkunft gebaut wurde. Modernisierungen haben 1905 und dann erst wieder in jüngerer Zeit stattgefunden, und noch heute darf die Lenkjöchlhütte zu den urigen Vertretern ihrer Art gezählt werden. Immerhin muss man ganz schön weit laufen, um sie zu erreichen.

Aufstieg durchs Röttal Von Kasern steigen wir kurz ab und überschreiten die junge Ahr. Wenige Meter weiter auch über die Rötbrücke und auf dem Saumweg mit Nr. 11 durch Wald kehrenreich bergauf. Wir entdecken zahlreiche Relikte aus der Bergbauzeit und zur Linken einen Wasserfall. Beim Rötkreuz hat man die steilsten Abschnitte des Tages bereits überwunden und steht an der Geländeschwelle zum Röttal, das sich mit einem erstaunlich weiten Anger öffnet. Gleich vorne verköstigt die urtümliche Rötalm

Die Gletscherflanken der Rötspitze leuchten in der Abendsonne.

(2116 m) ihre Gäste. Wir überschreiten den Bach nach links und begeben uns weiter flach taleinwärts. Im Hintergrund gibt die Rötspitze eine beispiellose Kulisse ab, ihr eisiger Hauch wird Schritt um Schritt immer deutlicher vernehmbar. Wir halten uns an die Hänge zur Linken und vollziehen dort den Talbogen mit. Endlich kommt auch die Lenkjöchlhütte ins Blickfeld, die man auf dem gut angelegten Weg, knapp oberhalb der im Moränenvorfeld gelegenen Rötseen vorbei, erreicht.

Abstieg durchs Windtal Kaum länger als die Route durchs Röttal ist jene durchs parallel gerichtete Windtal, das ebenfalls herb-schöne Zentralalpenreize offenbart. Daher orientieren wir uns

vom Lenkjöchl mit Nr. 12 nach Norden hinab. Anfangs ist der Weg noch etwas steil und holprig, doch gibt es auch hier weiter unten einen lieblicheren Talboden. Am Auslauf treten wir in typisches Almgelände ein, halten uns links und erreichen die Hütten der Labesaualm (1757 m). Von dort auf breiterem Karrenweg hinunter zum Heilig-Geist-Kirchlein (1621 m) und den letzten Kilometer flach hinaus nach Kasern, wo sich der Kreis schließt.

Bei der Lenkjöchlhütte umgibt uns eine zauberhafte Hochgebirgslandschaft.

123

48 HOCHGALLHÜTTE
Die »Kasseler« im Herzen der Rieserfernergruppe

leicht 3 ¾ Std. 740 Hm 9 km

AUSGANGSPUNKT
Rein in Taufers, Parkplatz im Talboden (1536 m); Zufahrt von Sand in Taufers, auch per Bus.

GEHZEITEN
Aufstieg 2 ¼ Std., Abstieg 1 ½ Std.

AUFSTIEGSMETER
740 Hm bis Hochgallhütte.

ANFORDERUNGEN
Gut ausgebauter Bergwanderweg, für jedermann mit grundlegender Kondition und Bergtauglichkeit einfach zu begehen.

KARTE
Tabacco, 1:25 000, Blatt 035 »Ahrntal – Rieserfernergruppe«.

TOURISMUSINFORMATION
Tourismusverband Tauferer Ahrntal, I-39030 Steinhaus, Tel. 0474/65 20 81.

HÜTTENSTECKBRIEF
Höhe: Hochgallhütte, 2276 m
Besitzer: Autonome Provinz Südtirol, erbaut 1895
Kapazität: 90 Schlafplätze
Bewirtschaftet: Mitte Juni–Mitte Oktober, Anfang März–Mitte Mai
Winterraum: nein
Telefon: 0474/67 25 50

ÜBERGÄNGE
Neue Barmer Hütte (2591 m) über Lenksteinjoch, alpin, 5 ½ Std.; Rieserfernerhütte (2791 m) über Magerstein, vergletschert, 5 Std.

GIPFELTOUREN
Tristennöckl (2465 m), ½ Std.; Hochgall (3436 m), Kletterei II–III, 4 Std.; Schneebiger Nock (3358 m), kombiniert (Fels bis I), 3 ½ Std.; Magerstein (3273 m), Gletschertour, 3 ½ Std.

Verheißungsvoll nimmt sich der Blick von Rein in Taufers aus, wenn man über dem Bachertal den Hochgall als mächtigen Souverän der Rieserfernergruppe zu Gesicht bekommt: ein Bild von einem Berg! Wer genau hinschaut, erkennt auf einer vom Tristennöckl vorspringenden Gelänerippe einen kleinen Würfel, die Hochgallhütte. Sie ist sicher eines der beliebtesten Wanderziele der Region, mitten in einer faszinierenden Berglandschaft gelegen und dabei auf einer Taldistanz, wie es vielen Wanderfreunden gerade recht ist. Glücklicherweise keucht die Hochgallhütte

Die Hochgallhütte gilt als wichtigste Tourendrehscheibe in der Rieserfernergruppe.

heute nicht im Würgegriff eines Gletscherski-gebiets, wie es vor einiger Zeit am Rieserferner drohte, verwirklicht zu werden, sondern darf sich als Teil eines Naturparks verstehen, in dem sanfter Tourismus gelebt wird. Hoffentlich bleibt es für immer dabei.

Um Verwirrungen gleich zu entkräften: Wenn manchmal von der »Kasseler Hütte« in der Rieserfernergruppe gesprochen wird, ist dasselbe Haus gemeint. Dazu lohnt ein kurzer Blick in die Chronik. Sie erzählt von einer ersten spartanischen Unterkunft an dieser Stelle, errichtet schon 1878 durch die Alpenvereinssektion Taufers, die bald darauf auch am Nevesjoch und am Lenkjöchl tätig wurde. Offenbar hatte man sich dabei aber etwas übernommen. So sprangen finanzkräftigere Sektionen in die Bresche und sorgten für die erforderlichen Aus- oder Neubauten, in diesem Fall die Sektion Kassel. Die italienische Nachfolge trat nach der Enteignung schließlich Rom an, während die Kasseler ihre neue Bergheimat in den Nordtiroler Zillertaler Alpen fanden. Noch um 1980 wird vermerkt: »Die ebenfalls gebräuchliche Anrede Hochgallhütte paßt ausgezeichnet zur Örtlichkeit, aber sie erscheint zweitrangig und von außen herangetragen zu sein«. Mittlerweile hat sich das durchaus etwas gewandelt.

Von Rein in Taufers

In der Talsenke von Rein in Taufers beginnt unser Weg Nr. 1 jenseits des Reinbachs anzusteigen. Er durchschneidet den dichten Waldgürtel schräg hinauf zur Lichtung der verfallenen Unteren Terner Alm (1874 m) und verläuft weiter über die Waldgrenze hinaus bis ins Gelände der Eppacher Alm. Herrlich die Rückblicke auf den Kammzug der Durreckgruppe sowie hinüber auf die nördliche Umrahmung des Bachertals. Im Frühsommer leuchten aus allen Ecken die Alpenrosen. Wir überschreiten eine zweigeteilte Bachrunse und nehmen die letzten Windungen hinauf zur Hochgallhütte in Angriff, wo die Aussicht noch packender ist. Wer jetzt zusätzlich einige Minuten bis zum kleinen Tristensee ansteigt, hat den Hochgall sogar gleich in doppelter Ausführung im Visier – in natura sowie als malerisches Spiegelbild. Manche Wanderer statten auch dem kecken Tristennöckl (2465 m) einen Besuch ab und begutachten dort den angeblich höchsten Zirbenbestand der Ostalpen.

Der Arthur-Hartdegen-Weg

Absolutes Touren-Highlight für den ausdauernden Wanderer ist aber der Arthur-Hartdegen-Weg, der einen großen Bogen um das gesamte Bachertal schlägt. Nachdem man unterhalb des Hochgall entlanggequert hat, steht in der Riesernockflanke auf einem ausgesetzten, aber gut gesicherten Band die kniffligste Prüfung bevor. Ganz zuhinterst gelangen wir in den »Ursprung« und nach Überschreiten einiger Wildbäche zur gleichnamigen Alm (2396 m), wo im Sommer der Senn einfache Jausen anbietet. Die herrlichste Strecke ist wohl jene am nördlichen Balkon des Bachertals. Bis hinüber zu den Kofleralmen haben wir stets die großen Schaustücke der Rieserfernergruppe im Blick und können nach einem ausgefüllten Tag zufrieden nach Rein zurückkehren.

Blick talwärts nach Rein in Taufers mit der Durreckgruppe dahinter

49 RIESERFERNERHÜTTE
Am Rückgrat zwischen Antholz und Taufers

mittel | **6 ½ Std.** | **1270 Hm** | **14 km**

AUSGANGSPUNKT
Bei der »Säge« (1525 m), an der Straße von Sand nach Rein in Taufers (auch Bus). Oder bei den Egger Höfen (1348 m) oberhalb von Antholz-Mittertal (hierher Buslinie von Bruneck).

GEHZEITEN
Von beiden Seiten jeweils ca. 4 Std. Aufstieg, 2 ½ Std. Abstieg.

AUFSTIEGSMETER
Ab Reintal-Säge 1270 Hm, aus dem Antholzer Tal 1450 Hm.

ANFORDERUNGEN
Beidseits vorzüglich ausgebaute Bergwege, auch im hochalpinen Bereich bei guten Verhältnissen sicher begehbar; im Frühsommer allerdings durch Schneefelder erschwert. Etwas Trittsicherheit angezeigt. Die Hauptanforderung liegt in der Länge der Tour.

KARTE
Tabacco, 1:25 000, Blatt 035 »Ahrntal – Rieserfernergruppe« oder 032 »Antholz – Gsies«.

TOURISMUSINFORMATION
Tourismusverein, I-39032 Sand in Taufers, Tel. 0474/67 80 76; Tourismusverein Antholzer Tal, I-39030 Antholz-Mittertal, Tel. 0474/49 21 16.

HÜTTENSTECKBRIEF
Höhe: Rieserfernerhütte, 2791 m
Besitzer: AVS Sektionen Bozen und Bruneck, erbaut 1980
Kapazität: 60 Schlafplätze
Bewirtschaftet: Ende Juni–Ende September
Winterraum: ja, offen
Telefon: 0474/49 21 25

ÜBERGÄNGE
Hochgallhütte (2276 m) über Magerstein, vergletschert, 4 ½ Std.

GIPFELTOUREN
Magerstein (3273 m), alpin, 2 Std.; Schneebiger Nock (3358 m), Kletterei bis II, 2 ½ Std.; Schwarze Wand (3105 m), Gletschertraverse, 1 ½ Std.

Beim Aufstieg aus dem Antholzer Tal haben wir den mächtigen Magerstein im Blick.

Zu den Top Ten der Südtiroler Hütten, sprich den zehn höchsten Schutzhäusern Südtirols, zählt auch die Rieserfernerhütte. Sie wurde 1980 vom Südtiroler Alpenverein als Ersatz für die ehemalige Fürther Hütte am Gemsbichljoch erstellt. In ihrer Natursteinbauweise fügt sie sich so unauffällig in die Landschaft ein, dass sie glatt übersehen werden könnte. Ein hochalpiner Rahmen, dominiert von der Schwarzen Wand mit dem Geltalferner sowie der Bastion um Magerstein und Schneebigem Nock, sorgt für ein packendes Hintergrundbild. Die Rieserfernerhütte steht unmittelbar am Hauptkamm der wilden Gebirgsgruppe und bildet ein wichtiges Bindeglied zwischen den Talschaften von Antholz und Taufers. Angesichts der herrschenden Praxis möchte ich beide Zugänge gleichwertig behandeln und darauf hinweisen, dass die Tour mit etwas Planungsgeschick unter Nutzung öffentlicher Verkehrsmittel sogar an einem Tag als Übergang ausgestaltet werden könnte. Die Antholzer Route überwindet auf kürzerer Distanz einen größeren Höhenunterschied, ist also steiler und ziemlich kehrenreich, dazu auch sehr sonnenexponiert. Dagegen hat man aus dem Reintal eine längere Strecke zurückzulegen, allerdings weniger mühselig, was sich beides am Ende wohl aufwiegen wird.

Der Erlanger Weg durchs Geltal Knapp drei Kilometer vor Rein in Taufers beginnt unser Weg (Nr. 3) hinauf ins Geltal. Wir gehen an der Putzer Alm mit ihrer eingefriedeten Wiese vorbei und überwinden die bewaldete Trogstufe hinauf ins eigentliche Hochtal zur Äußeren Geltalalm (1995 m). Idylle bei der Inneren Geltalalm (2070 m), wo sich ein weiter Boden auftut! Auf der rechten Seite in angenehmer Steigung bergan, den Kranz der Berge ringsum im Blick. Das Gelände wird steiniger, doch der Erlanger Weg ist gut gefügt, oft sogar aufwändig mit Platten verlegt. Der Name verrät die Erschließertätigkeit dieser Alpenvereinssektion um die Wende vom 19. zum 20. Jahrhundert. Allmählich geht es schräg links hinüber, wo noch etliche Windungen anstehen, bis wir auf eine Verebnung gelangen. Nicht

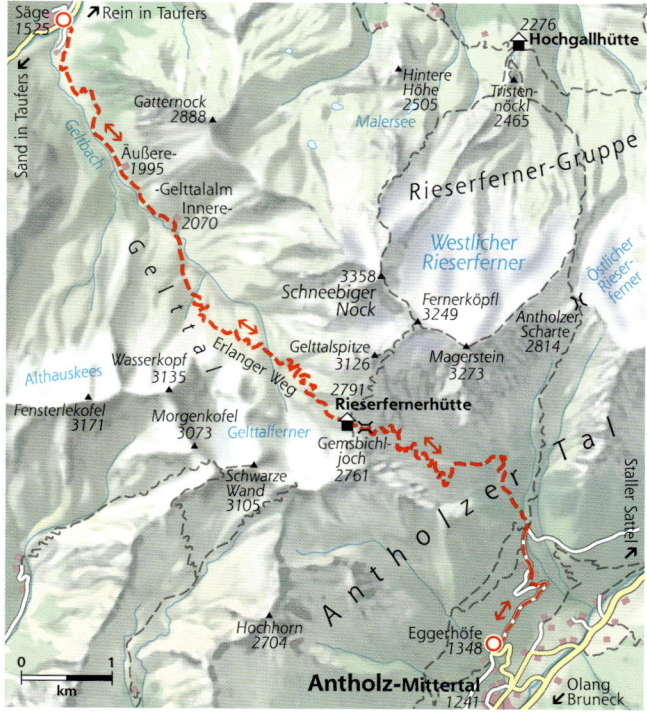

mehr weit und wir stehen vor der Rieserfernerhütte am 2800 Meter hohen Gemsbichljoch.

Aus dem Antholzer Tal Die Wegnummer 3 besitzt auch von Antholz herauf Gültigkeit. Von den Egger Höfen, anfahrbar über Antholz-Mittertal, beginnen wir auf einer Forststraße. Nach zwei Kehren bleiben Berger- und Brennalm zurück; im Bereich des Klammbachs dann links ab auf den eigentlichen Bergweg. Über dem Wald ragen die Südabstürze des Magersteins auf, rund 1000 Meter ab Wandfuß gemessen. Wir wenden uns der linker Hand öffnenden Hangmulde des Ampfergartens zu. Nach einer markanten Querung über einen tief eingerissenen Graben hinweg setzt »endlos« scheinendes Zickzack ein. Seine Kehren lassen freilich die Steilheit des Geländes erträglicher aussehen. Zwischendurch an einem Unterstand vorbei. An einem felsigen Sporn geht es dann ans Eingemachte, müssen nicht nur die Konditionsreserve mobilisiert, sondern auch die Trittsicherheit unter Beweis gestellt werden. Die Steiganlage ist hier mit vielen Holzstiegen sowie stellenweise Drahtseillauf versehen. Schließlich nähern wir uns durch eine Art Wanne unserer Hütte am Gemsbichljoch. Wer mag, kann in einer Stunde noch auf die untergeordnete Gel-

talspitze (3126 m) steigen, alle anderen Gipfel im Umkreis sind stattliche Hochtourenziele für erfahrene Bergsteiger.

Natursteinbau am Gemsbichljoch: die Rieserfernerhütte

127

50 FANESHÜTTE, LAVARELLAHÜTTE
Kleinode auf Kleinfanes

leicht | 3 Std. | 510 Hm | 11 km

AUSGANGSPUNKT
Pederü (1548 m) im Rautal; Zufahrt von St. Vigil, im Sommer auch per Bus.

GEHZEITEN
Aufstieg 1 ¾ Std., Abstieg 1 ¼ Std.

AUFSTIEGSMETER
Ab Pederü 510 Hm.

ANFORDERUNGEN
Durchweg leichte Wege bzw. Schotterpiste durch ein Hochtal, ohne besondere Anforderungen.

KARTE
Tabacco, 1:25 000, Blatt 031 »Pragser Dolomiten – Enneberg« oder 07 »Alta Badia – Arabba – Marmolada«.

TOURISMUSINFORMATION
Tourismusverein, I-39030 St. Vigil in Enneberg, Tel. 0474/50 10 37.

HÜTTENSTECKBRIEF
Höhe: Faneshütte, 2060 m
Besitzer: privat, erbaut 1928
Kapazität: 64 Schlafplätze
Bewirtschaftet: Anfang Juni–Mitte Oktober, Mitte Dezember–Mitte April
Winterraum: nein
Telefon: 0474/50 10 97

Höhe: Lavarellahütte, 2042 m
Besitzer: privat, erbaut 1912
Kapazität: 50 Schlafplätze
Bewirtschaftet: Mitte Juni–Anfang Oktober, Mitte März–Ende April
Winterraum: nein
Telefon: 0474/50 10 79

ÜBERGÄNGE
Heiligkreuz-Hospiz (2045 m) über Kreuzkofelscharte, gesichert, 4 Std.; Rifugio Lagazuoi (2752 m), 5 Std.

GIPFELTOUREN
Antoniusspitze (2655 m), 2 Std.; Pareispitze (2794 m), 2 ½ Std.; Monte Vallon Bianco (2684 m), 2 ¾ Std.; Heiligkreuzkofel (2907 m), 3 Std.; Zehner (3026 m), 3 ¾ Std.; Lavarella (3055 m) und Cunturines (3064 m), jeweils 4 Std.; Monte Cavallo (2912 m), 3 Std.

Wie ein verwunsches Zauberschloss mutet die Antoniusspitze an.

Gewöhnlich bestechen die Dolomiten durch monumentale Felsbauten, die sich wuchtig aus grünenden Tälern und Almwiesen emporrecken. Dass es auch Szenerien von ganz anderem Flair gibt, mag vorderhand überraschen. Zu den eigenwilligsten Landschaften gehört gewiss das sagenumwobene Tafelland der Fanes, das sich zwischen Alta Badia und Enneberg ausbreitet. Die Randabstürze passen allenthalben ins Schema, doch oben wähnt man sich in der Weltverlorenheit weitläufiger Karrenfelder und stiller Hochkare. Kein Wunder, dass der alte ladinische Legendenschatz hier fruchtbaren Boden fand. Zwei Oasen, die als Almgebiete eine sehr lange Tradition besitzen, umschmeicheln unsere Sinne: Klein- und Großfanes. Man geht davon aus, dass sie seit mindestens 1000 Jahren mit Vieh bestoßen werden, so weit zurück reicht nämlich die erste urkundliche Erwähnung. Auf Kleinfanes locken zwei privat bewirtschaftete Hütten ein breites Publikum an, zu manchen Zeiten platzen sie gleichsam aus allen Nähten. Dann haben die Mutschlechners von der Faneshütte und die Frenners von der Lavarellahütte alle Hände voll zu tun.

Von Pederü herauf Hausgäste können bei Bedarf das Jeeptaxi ab Pederü in Anspruch nehmen, doch sollte sich eigentlich jeder mit gebührender Langsamkeit auf Fanes einstimmen. Der Überraschungseffekt wird umso größer sein. Die staubige Sandstraße kann für längere Teilstrecken vermieden werden, wenn wir auf den parallel geführten Fußweg ausweichen. Gleich zu Beginn muss ein ordentliches Stück angestiegen werden (die Fahrpiste vollzieht hier etliche Serpentinen), ehe wir in den flachen Teil des gewundenen Hochtals gelangen. Etwas abseits liegt der Piciodelsee. Zwischen

den zerklüfteten Flanken von Eisengabel- und Pareispitze folgen wir der letzten großen Biegung auf dem breiten Sträßchen und stehen bald darauf an der Schwelle nach Kleinfanes. Ein verträumter, märchenhafter Erdenfleck empfängt uns hier, mit begrünten Karren, malerischen kleinen Seen und gurgelnden Wasserläufen sowie von wetterfesten Lärchen und Zirben bestandenen Felsbänken, auf denen einst das »Parlament der Murmeltiere« getagt haben soll. Da braucht es nur etwas Fantasie, um die alte Fanessage wieder lebendig werden zu lassen. Wer vorn bei der Gabelung links geht, erreicht in gut fünf Minuten die Ücia Fanes; kaum weiter ist es rechts zur Ücia Lavarella (so die ladinischen Namen der Hütten).

Ein vielseitiges Gipfelpotpourri Bergwanderer, die im Fanesgebiet einen längeren Aufenthalt planen, werden voll auf ihre Kosten kommen. Fast ein Dutzend eigenständiger Gipfel steht hier bereit, jeder mit individuellen Reizen. Die »schnellen« Ziele, bestens geeignet für einen ersten Überblick, heißen Antoniusspitze und Pareispitze (auch Col Bechei di Sopra). Zum Westrand der ausgedehnten Fanesschüssel erheben sich Neuner, Zehner und der leichtere Heiligkreuzkofel, alle mit packendem Blick über das jenseitige Gadertal. Südwärts setzt

sich diese Kette im Lavarella-Cunturines-Stock fort, den höchsten Gipfeln der Fanesgruppe. Und wer auf der Via della Pace unterwegs sein möchte, dem restaurierten Friedensweg entlang alter Frontstellungen aus dem Ersten Weltkrieg, der wendet sich dem Monte Vallon Bianco, dem Furcia-Rossa-Klettersteig und dem Monte Cavallo zu – überwältigende Tofane-Blicke inklusive. Wer die Wahl hat ...

Die Faneshütte ist einer der beiden Stützpunkte auf Kleinfanes.

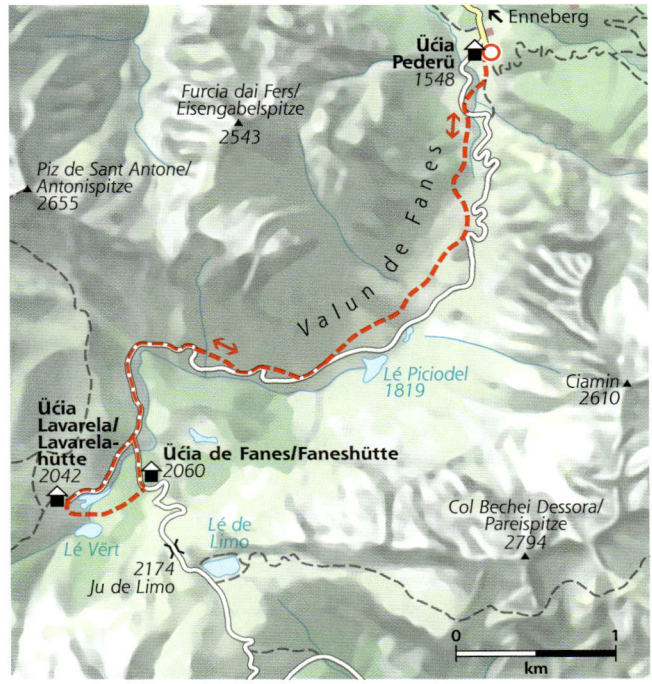

51 FODARA-VEDLA-HÜTTE, SENNESHÜTTE
Auf dem weiten Sennesplateau

leicht 3 ¼ Std. 600 Hm 9 km

AUSGANGSPUNKT
Pederü (1548 m) im Rautal; Zufahrt von
St. Vigil, im Sommer Busanschluss.

GEHZEITEN
Pederü – Fodara Vedla 1 ¼ Std. –
Senneshütte ¾ Std. – Pederü 1 ¼ Std.

AUFSTIEGSMETER
Ab Pederü etwa 600 Hm.

ANFORDERUNGEN
Breite, anfangs steile Fahrwege und
Pfade zwischendurch, vollkommen
unschwieriges Gelände. Mithin für alle
Wanderer geeignet.

KARTE
Tabacco, 1:25 000, Blatt 031 »Pragser
Dolomiten – Enneberg«.

TOURISMUSINFORMATION
Tourismusverein, I-39030 St. Vigil in
Enneberg, Tel. 0474/50 10 37.

HÜTTENSTECKBRIEF
Höhe: Fodara-Vedla-Hütte, 1966 m
Besitzer: privat, erbaut 1916
Kapazität: 46 Schlafplätze
Bewirtschaftet: Mitte Juni–Mitte Oktober,
Mitte März–Anfang Mai
Winterraum: nein
Telefon: 0474/50 10 93

Höhe: Senneshütte, 2116 m
Besitzer: privat, erbaut 1938
Kapazität: 60 Schlafplätze
Bewirtschaftet: Anfang Juni–Mitte
Oktober, Weihnachten–Ende April
Winterraum: nein
Telefon: 0474/50 10 92

ÜBERGÄNGE
Seekofelhütte (2327 m),
1 Std. ab Senneshütte

GIPFELTOUREN
Lavinores (2462 m), 1 ½ Std. ab Fodara
Vedla; Monte Sella di Sennes (2787 m),
2 Std. ab Senneshütte

Zur anderen Seite des Rautals erfährt die Fanes ihre topografische Entsprechung in der Sennes-Hochfläche, die vielleicht ein bisschen weniger streng wirkt, jedoch auffällige Ähnlichkeiten zeigt. Sanft gewellt erstreckt sie sich bis hinüber zum Seekofel und zum Gaislstock, der die Pragser Dolomiten gewaltig überragt. Bei unserem Hüttenausflug bleiben wir allerdings eher im Nahbereich von Pederü und stoßen dort wie schon im Fanesgebiet auf zauberhafte Almgründe. Einer davon ist Fodara Vedla. Das Almdorf mag so oder so ähnlich schon seit Urzeiten daliegen, seit Jahrzehnten versorgt man auch Gäste, die sich auf Streifzüge durch die ladinische Dolomitenwelt begeben. Einst, so weiß die Legende, gab es zwischen den Ennebergern und den Ampezzanern Streit um diese Hochweiden. Es wurde vereinbart, dass vier Ampezzaner Männer einen großen Felsblock stemmen mussten und wo sie ihn fallen ließen, die Grenze zu liegen kam. Und sie trugen den Block mit unglaublicher Leichtigkeit weit ins Ennebergische hinein, dass man glauben konnte, sie wären mit dem Teufel im Bunde – bis eine Sennerin voller Schrecken rief: »Jesus, Maria! Sie nehmen uns die ganze Alm!« In diesem Moment begrub der Felsblock die vier Ampezzaner unter sich.

Ein Stück weit nördlich finden wir mit der Senneshütte ein weiteres komfortables Unterkunftshaus vor, das problemlos in die Wanderung einbezogen werden kann. Beide, Fodara-Vedla- und Senneshütte, sind im Übrigen auch zur Skitourenzeit bewirtschaftet, eignet sich die kupierte Sennes doch hervorragend für diese alpine Spielart.

Aus dem Rautal Pederü ist im Sommer ein frequentierter Umschlagplatz einschließlich staubendem Jeepverkehr zu den verheißungsvollen Hochalmidyllen der Sennes und Fanes. Richtung Fodara Vedla folgen wir gleich dem kehrenreichen Sträßchen, das linker Hand über die beachtliche Steilstufe hinauflaviert. Nach vielen engen Serpentinen wird es flacher, das Plateau rückt näher. Während links eine Abkürzung zur Senneshütte abzweigt, bleiben wir auf der breiten Trasse und folgen Markierung 9 nach Fodara Vedla. Das Almdorf liegt wunderschön in einer grünen Mulde, im Hintergrund die Felsenkämme der Croda Ciamin und Lavinores.

**Die komfortable Senneshütte
auf dem gleichnamigen Plateau**

Der Fahrweg setzt sich in weiten Schleifen Richtung Senneshütte fort, wobei wir aber zwischendurch teilweise über kleinere Steige abkürzen können. Man halte sich einfach an die Beschilderung. Insgesamt wird auf der im Detail unübersichtlich strukturierten Hochfläche noch etwas an Höhe gewonnen, bevor wir hinter einer Anhöhe unser Tagesziel mit einem kleinen See in der Nähe entdecken. Nichts engt hier die Rundsicht ein, einschüchternde Felsmassen bleiben auf Distanz, die Hochebene atmet Weite: Szenerien aus dem Naturpark Fanes – Sennes – Prags ...

Wer sich wandertechnisch noch nicht ausgelastet fühlt, kann von hier noch in einer Stunde über Weg Nr. 6 bis zur Seekofelhütte weitergehen oder gar den aussichtsreichen Monte Sella di Sennes aufs Korn nehmen.

Von Ra Stua Auch aus dem Ampezzano ist ein Zugang zum Sennesplateau möglich, der hier der Vollständigkeit halber erwähnt werden soll. Von der Malga Ra Stua (1668 m, Zufahrt von der Staatsstraße 51 zwischen Toblach und Cortina, in der Hauptsaison aber nur mit Jeeptransfer) durchmisst ein breiter Schotterweg das gesamte Hochtal hinauf zur Senneshütte, vorher zweigt linker Hand Route Nr. 9 Rich-

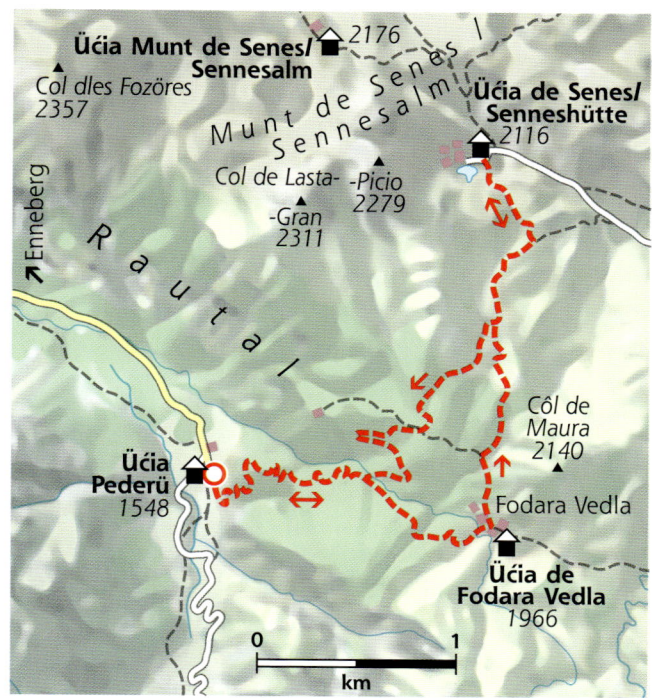

tung Fodara Vedla ab. So kann auch von dieser Seite eine rund dreieinhalbstündige Runde geschlossen werden.

Malerisches Almdorf
Fodara Vedla

131

52 SEEKOFELHÜTTE
Im Herzen der Pragser Dolomiten

mittel · 5 ½ Std. · 960 Hm · 14 km

AUSGANGSPUNKT
Pragser Wildsee (1494 m), am Ende der Straße ins Pragser Tal (Buslinie von Toblach).

GEHZEITEN
Aufstieg 3 ¼ Std., Abstieg 2 ¼ Std.

AUFSTIEGSMETER
Ab Pragser Wildsee 900 Hm, plus 60 Hm beim Rückweg.

ANFORDERUNGEN
Langer Anstieg auf markiertem Bergweg mit ein paar steileren Passagen. Etwas Trittsicherheit und gute Ausdauer erforderlich.

KARTE
Tabacco, 1:25 000, Blatt 031 »Pragser Dolomiten – Enneberg«.

TOURISMUSINFORMATION
Tourismusverein, I-39030 Prags, Tel. 0474/74 86 60.

HÜTTENSTECKBRIEF
Höhe: Seekofelhütte, 2327 m
Besitzer: CAI Sektion Treviso, erbaut 1907
Kapazität: 45 Schlafplätze
Bewirtschaftet: Mitte Juni–Ende September
Winterraum: ja, mit Schlüssel
Telefon: 0436/86 69 91

ÜBERGÄNGE
Senneshütte (2116 m), 1 Std.;
Plätzwiese (1991 m) über Gaiselleite-Höhenweg, 4 Std.

GIPFELTOUREN
Seekofel (2810 m), gesichert, 1 ½ Std.;
Kleine Gaisl (2859 m), teils weglos, 2 ½ Std.

Rechte Seite oben:
Im Herzen der Pragser Dolomiten empfängt uns die Seekofelhütte.

Rechte Seite unten:
Junger Steinbock am Seekofel

Streng genommen dürfte die Seekofelhütte in unserer Sammlung der Südtiroler Hütten gar nicht vertreten sein, liegt sie doch auf Boden der Provinz Belluno, wenn auch nur ganz knapp. So pingelig wollen wir jedoch nicht sein, insbesondere angesichts der Tatsache, dass sich an schönen Tagen zahlreiche »Pilger« vom Pragser Wildsee aufmachen, die Seekofelhütte zu besuchen und womöglich ihren Hausberg zu besteigen. Nicht selten sind darunter auch einige Weitwanderer mit dem Fernziel Belluno, das sie irgendwann in knapp zwei Wochen zu erreichen suchen. Die Seekofelhütte fungiert nämlich als erster Etappenstützpunkt auf dem großen Dolomiten-Höhenweg Nummer 1. Dass man hierher in teilweise kürzerer Zeit auch von Ra Stua oder von Pederü her gelangen kann, sei am Rande erwähnt. Doch die reizvollste Route kommt zweifellos vom Pragser Wildsee, jenem sagenumrankten, dunklen Gewässer in beeindruckender Kessellage, das längst schon der Massentourismus in Beschlag genommen hat. Um die unverfälschte Stimmung dort einzufangen, muss man entweder ganz früh auf den Beinen sein oder Geduld haben, bis abends die Scharen von Ausflüglern wieder abgezogen sind.

Vom Pragser Wildsee Fast gleichgültig, ob man zum Auftakt die west- oder ostseitige Uferpromenade wählt – rechts herum wird's etwas schneller sein. Im Hintergrund dominiert bereits der Seekofel mit seiner gut 1000 Meter hohen Nordwand. Beim hinteren Seewinkel beginnt das eigentliche Bergauf. Mit Bezeichnung 1 über eine mäßig steile, bewachsene Schuttreiße bis unter die Felsenge des Nabigen Lochs, das mit ein paar nach links ausholenden Kehren schließlich erreicht wird. Wir folgen nun aber nicht dem Weg geradeaus durch die Hochmulde weiter, sondern orientieren uns rechts hinauf zum Felssockel des östlichsten Seekofel-Ausläufers. Man überwindet ein kurzes felsiges Stück und schwenkt scharf rechts in den so genannten »Ofen« ein. Durch das steinige Hochkar wird die Ofenscharte (Forcella Sora Forno, 2388 m) als Scheitelpunkt der Tour angepeilt, gleichzeitig Ansatzpunkt für den Seekofel-Normalweg. Dort tut sich ein völlig neues Panorama auf, bestimmt von der weitläufig kupierten Sennes-Hochfläche samt ihren Randerhebungen. Wenige Minuten unterhalb erwartet uns die Seekofelhütte, die noch in uriger Ausführung dasteht, obwohl ihr Platzangebot den Bedürfnissen heute oft nicht mehr gewachsen ist.

Paradeberg Seekofel Hat uns der Seekofel (2810 m) vom Pragser Wildsee aus als mächtiger Dolomitenthron imponiert, so ist aus dem Riesen mittlerweile ein relativ gutmütiger Schrofengupf geworden. Kaum ein geübter Bergwanderer wird sich hier bei gutem Wetter den Gipfelspurt entgehen lassen. Oberhalb der Ofenscharte sind bald ein paar steilere Schrofenpartien zu nehmen; die Kraxelei wird aber durch Sicherungen entschärft. Später flacht das Gelände zu einem harmlosen Rücken ab, über den man ohne Schwierigkeiten zum höchsten Punkt aufsteigt. Der Blick über die Abbruchkante der Nordwand zum 1300 Meter tiefer gelegenen Pragser Wildsee nimmt sich atemberaubend aus, und auch die Fernschau vom Alpenhauptkamm bis weit in die Dolomiten lässt nichts zu wünschen übrig.

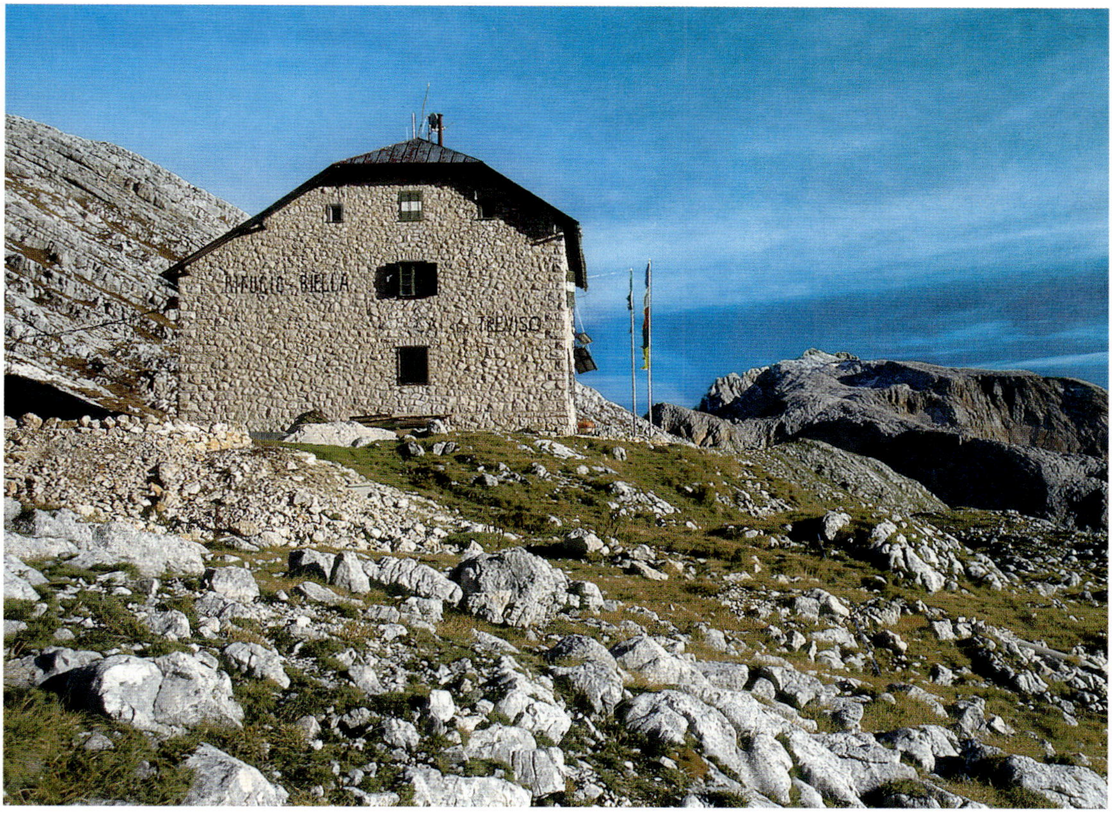
RIFUGIO BIELLA
TREVISO

Prags/Pustertal
Hotel
Pragser Wildsee
1494
Großer
Apostel
1947
1489
Grünwaldtal
1590
Grünwaldalm
Pragser
Wildsee
Seewald
Seitenbach
Sennesertal
Punta della
Quaira di Senes
2659
Kleiner
Seekofel
2750
Seekofel
2810
Nabiges
Loch
Seitenbachscharte
2331
2388
Ofen
Ofenscharte
Ofenmauer
2458
Seekofel-
hütte
2327
Sennesalm
0
1
km

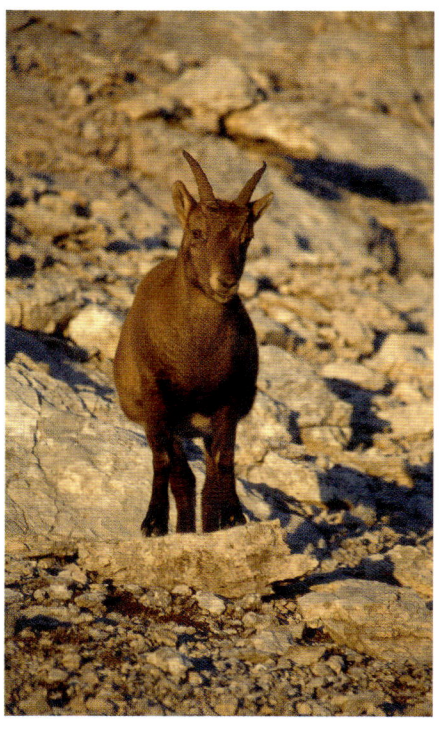

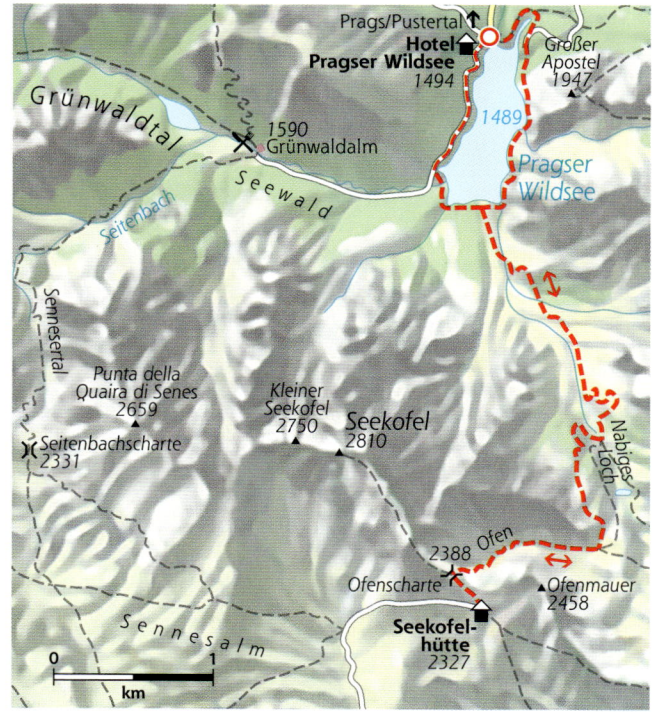

53 DREI-ZINNEN-HÜTTE
Am Nabel der Sextener Dolomiten

mittel · 5 Std. · 950 Hm · 14 km

AUSGANGSPUNKT
Fischleinboden (1454 m); Zufahrt von Sexten bis zum Ende der öffentlichen Straße (auch Bus). Alternativ im Innerfeldtal (1509 m); Abzweig der Zufahrtsstraße zwischen Innichen und Sexten; oder beim Hotel Drei Zinnen (1406 m) im Höhlensteintal zwischen Toblach und Schluderbach (auch Buslinie).

GEHZEITEN
Ab Fischleinboden 3 Std., ab Innerfeldtal bzw. Höhlensteintal 3 ½ Std.; Rückweg 2 bzw. 2 ½ Std.

AUFSTIEGSMETER
Ab Fischleinboden oder Innerfeldtal 950 Hm, ab Höhlensteintal 1000 Hm.

ANFORDERUNGEN
Vorwiegend bestens ausgebaute Bergwanderwege, nur aus dem Innerfeldtal teilweise etwas steiler und holpriger; hier Trittsicherheit vorteilhaft. Wichtig ist eine solide Kondition.

KARTE
Tabacco, 1:25 000, Blatt 010 »Sextener Dolomiten«.

TOURISMUSINFORMATION
Tourismusverein, I-39030 Sexten, Tel. 0474/71 03 10.

HÜTTENSTECKBRIEF
Höhe: Drei-Zinnen-Hütte, 2405 m
Besitzer: CAI Sektion Padova, erbaut 1883
Kapazität: 140 Schlafplätze
Bewirtschaftet: Ende Juni–Ende September
Winterraum: ja, offen
Telefon: 0474/97 20 02

ÜBERGÄNGE
Büllelejochhütte (2528 m), 1 ¼ Std.; Rifugio Lavaredo (2344 m) und Rifugio Auronzo (2320 m) über Paternsattel, 1 bzw. 1 ½ Std.

GIPFELTOUREN
Paternkofel (2744 m), Klettersteig, 1 ¼ Std.; Toblinger Knoten (2617 m), Klettersteig, 1 Std.; Schusterplatte (2957 m), Steig und Stellen I, 2 ½ Std.

Direkt über dem Dach der Drei-Zinnen-Hütte ragt der Paternkofel in den Himmel.

Für viele ist es der Traumplatz schlechthin in Südtirol: von dort einmal die Drei Zinnen sehen, nachgucken, ob sie wirklich diese unvergleichliche Ausstrahlung besitzen, wie auf unzähligen Postkarten und Kalenderbildern immer suggeriert wird. Da nimmt es kaum wunder, dass am Toblinger Riedl, wo man geradezu einen Logenplatz vor der steinernen Dreifaltigkeit einnimmt, eines der größten und meistfrequentierten Schutzhäuser überhaupt steht. Bereits 1883 eröffnete die Alpenvereinssektion Hochpustertal dort die erste Drei-Zinnen-Hütte, die schon bald mehrmalige Erweiterungen erfuhr. Die unwiderstehliche Anziehungskraft der Umgebung hatte gewirkt. Dann kam der Erste Weltkrieg mit der legendären Heldengeschichte um den damaligen Hüttenwirt Sepp Innerkofler, der während eines Himmelfahrtkommandos auf dem nahen Paternkofel sein Leben lassen musste. Mutmaßungen lauten, dass er gar vom eigenen Sperrfeuer niedergestreckt wurde. Die Drei-Zinnen-Hütte selbst wurde in jenen Tagen von italienischen Alpini in Brand geschossen. 1936/37 erfolgte der Wiederaufbau durch die Sektionen Bozen und Padua des CAI; Letztere hatte jetzt die Leitung übernommen. Und die Drei Zinnen? Sie posieren ungerührt wie eh und je und schaffen es in ihrer schaurig-schönen Art mühelos, jedem zu gefallen. Der ganze Trubel zu ihren Füßen, die Sensationshascherei um einen Haufen markant geschichteter und ausgewitterter Steine wird ihnen vermutlich ziemlich egal sein.

An einem alpinen Knotenpunkt gelegen, darf die Drei-Zinnen-Hütte ihre Gäste gleichsam aus sämtlichen Richtungen erwarten. Die zahlenmäßig stärkste Fraktion bilden sicherlich die Höhenbummler, die von der Südseite der Zinnen kommen: über die maßlos teure Mautstraße von Misurina zur Auronzohütte und dann in 1 ½ Gehstunden via Paternsattel. Hier erfährt der »Bergkonsum« einen seiner Höhepunkte. Auf den echten Talzugängen ist man hingegen deutlich länger unterwegs und hat an die 1000 Höhen-

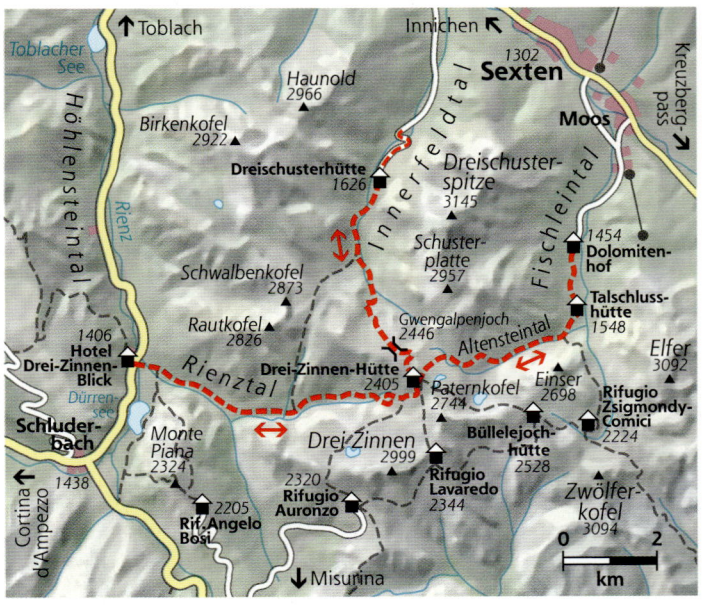

Die unvergleichlichen Drei Zinnen als Schaustück der Hütte am Toblinger Riedl

meter zu bewältigen, kann derweil aber Schritt für Schritt Spannung aufbauen und sich in weitaus ehrwürdigerem Stil dem großen Triumvirat nähern. Deshalb werden im Folgenden drei verschiedene Möglichkeiten aufgezeigt.

Aus dem Fischleintal Beliebtester Zugang von unten ist jener aus dem Fischleintal. Da ist man sofort von der »Sextener Sonnenuhr« gefesselt, läuft sich bis zur Talschlusshütte (1548 m) erst einmal gemächlich warm und wählt an der großen Talverzweigung den rechten Ast (Nr. 102 ins Altensteintal). Direkt über unseren Köpfen erscheint der frische Felsausbruch am Einser, der am 12. Oktober 2007 das ganze Fischleintal mit einer dichten Staubwolke einhüllte. 60 000 Kubikmeter Fels sind bei diesem Bergsturz zu Tal gedonnert. Der viel begangene Weg ist durch die Latschenfelder und über zwei Talstufen hinweg hervorragend in Schuss gehalten. Wir gelangen ins Gebiet der Bödenalpe, an den malerischen Bödenseen vorbei und damit zum letzten großen Bogen, die Hütte am Toblinger Riedl schon im Blick.

Und Schritt für Schritt spitzen jetzt auch immer mehr die Drei Zinnen über dem Sattel empor, bis sie schließlich in voller Größe und Erhabenheit vor uns stehen. Was für ein Moment!

Aus dem Innerfeldtal Landschaftlich ebenfalls sehr reizvoll und zudem spürbar ruhiger ist der Anstieg aus dem Innerfeldtal. Bis auf rund 1500 Meter kann man taleinwärts mit dem Auto fahren, dann geht es in 20 Minuten zur Dreischusterhütte (1626 m) hinauf. Das komfortable Haus, 1975 durch den AVS Drei Zinnen erbaut, liegt am Rande eines romantischen Talangers zwischen den mächtigen Bastionen der Haunold- und Dreischustergruppe: einer der schönsten Flecken Erde weit und breit und ein lohnendes Hüttenziel für Ausflügler und Familien mit kleineren Kindern. Man wandert nun flach auf die Morgenkopf-Nordwand zu, überschreitet im Talschluss ein Schotterbett und wendet sich links der Ausmündung des Innichbacher Grabens entgegen. Kehrenreich in dem Schlund bergauf, anschließend rechts ausho-

lend unter die Ostabstürze des Morgenkopfes und über karger werdende Schrofen und Karren Richtung Gwengalpenjoch (2446 m), wo sich der lang ersehnte erste Zinnen-Blick auftut. Nebenan stehen, an eine Westernkulisse erinnernd, Schwabenalpenkopf und Toblinger Knoten. Hinter dem Geländewall queren wir noch ein Stück unter dem Toblinger Knoten hindurch und erreichen unser Tagesziel, die Drei-Zinnen-Hütte.

Aus dem Höhlensteintal Auch von Westen, aus der großen Höhlensteintalfurche (Valle di Landro), kann man sich unserer Hütte nähern. Der Weg führt mit Nr. 102 markiert zunächst als breite Forststraße eine ganze Weile relativ flach ins Rienztal hinein. Kurz nach P. 1693, wo links eine steile Route zum Großen Wildgrabenjoch abzweigt, zieht er als normaler Bergsteig etwas an. Eine knappe Stunde später ist die markante Steilstufe hinauf zum wiesengrünen Rienzboden zu überwinden, ehe nochmals eine Reihe von Serpentinen bis zur Hütte bevorstehen.

Ziel für eine Zusatzunternehmung könnte jetzt noch die klassische Drei-Zinnen-Umrundung sein, vielleicht auch eine zünftige Klettersteigpartie auf den Paternkofel oder den Toblinger Knoten. Das Tourenrevier hat für Bergsteiger aller Couleur etwas zu bieten und lohnt daher auch einen mehrtägigen Aufenthalt. Aber dies ist ja fast schon eine Binsenweisheit.

»Westernkulisse«
Schwabenalpenkopf

Die Südfront der
Dreischustergruppe
über dem Altensteintal

54 ZSIGMONDY-COMICI-HÜTTE, BÜLLELEJOCHHÜTTE
Über dem Sextener Fischleintal

mittel   5 ½ Std.   1080 Hm   15 km

AUSGANGSPUNKT
Fischleinboden (1454 m); Zufahrt von Sexten (auch Buslinie).

GEHZEITEN
Bis Zsigmondyhütte 2 ¼ Std., bis Büllelejochhütte 3 ¼ Std., Rückweg 2 ¼ Std.

AUFSTIEGSMETER
Bis Zsigmondyhütte 770 Hm, bis Büllelejochhütte 1080 Hm.

ANFORDERUNGEN
Gut angelegte, nicht allzu steile Bergwege, mit elementarer Trittsicherheit und ordentlicher Ausdauer ohne Probleme. Bis Büllelejochhütte allerdings recht lang.

KARTE
Tabacco, 1:25 000, Blatt 010 »Sextener Dolomiten«.

TOURISMUSINFORMATION
Tourismusverein, I-39030 Sexten, Tel. 0474/71 03 10.

HÜTTENSTECKBRIEF
Höhe: Zsigmondy-Comici-Hütte, 2224 m
Besitzer: Autonome Provinz Südtirol, erbaut 1886
Kapazität: 80 Schlafplätze
Bewirtschaftet: Mitte Juni–Anfang Oktober
Winterraum: ja, offen
Telefon: 0474/71 03 58

Höhe: Büllelejochhütte, 2528 m
Besitzer: privat, erbaut 1963
Kapazität: 13 Schlafplätze
Bewirtschaftet: Mitte Juni–Anfang Oktober
Winterraum: nein
Telefon: 337/45 15 17

ÜBERGÄNGE
Drei-Zinnen-Hütte (2405 m), ab Büllelejochhütte 1 Std.; Rifugio Carducci (2297 m), ab Zsigmondyhütte 1 Std.; Rifugio Berti (1950 m) über den Alpinisteig (gesichert), 5 Std.

GIPFELTOUREN
Oberbachernspitze (2677 m), ½ Std.; Paternkofel (2744 m), Klettersteig, 1 ½ Std.; Hochbrunner Schneid (3046 m), alpine Route, 3 Std.; Zwölferkofel (3094 m), Kletterei bis III+, 4 ½ Std.

Eine dekorative Kulisse mit dem himmelstrebenden Zwölferkofel, dem Prunkstück der »Sextener Sonnenuhr«, gereicht der Zsigmondy-Comici-Hütte zur Ehre und sichert ihr regen Zulauf aus dem Fischleintal. Mit ihrem Namen hält sie Andenken an zwei große Bergpioniere, die der Alpinhistorie gleichsam epochemachend ihren Stempel aufdrückten: der Wiener Emil Zsigmondy (1861–1885) als Protagonist des führerlosen Bergsteigens, Emilio Comici (1901–1940) als »Sestogradisto«, der sich mit der Erstdurchsteigung der Große-Zinne-Nordwand ein Denkmal setzte. Die Errichtung der Zsigmondy-Comici-Hütte fällt in die klassische Erschließerzeit des Alpenvereins Ende des 19. Jahrhunderts. Zwei Weltkriege setzten ihr schwer zu, doch war der Stützpunkt natürlich zu wichtig, um aufgegeben zu werden. Die enorme Frequentierung, die jener der Drei-Zinnen-Hütte wohl nur wenig nachsteht, untermauert dies eindrücklich. Steigt man noch eine Stunde weiter auf, so entdeckt man hinter einer Geländekante plötzlich die winzige, privat erstellte Büllelejochhütte. Auch hier ist tagsüber immer was los, aber zur Nacht können nur wenige bleiben, denn für mehr als ein Dutzend Leute wird der Platz nicht ausreichen. Das wäre doch mal eine Verlockung, spätabends oder schon in aller Herrgottsfrühe auf der nahen Oberbachernspitze zu stehen und die Sextener Gipfelparade im Licht des scheidenden oder erwachenden Tages abzunehmen!

Sextener Talschlusswanderung Das Fischleintal ist seit jeher die bevorzugte Eintrittspforte in das Felsenreich der Sextener Dolomiten, so auch beim Zugang zu unserem Hüttenduo. Man nimmt den bequemen Weg zur Talschlusshütte (1548 m), landschaftlich zauberhaft, aber in der Hauptsaison mitunter nicht weit vom Flair eines belebten großstädtischen Parks entfernt. Grimmiger Wächter über dem Talboden ist der Einser mit seiner Nordwand, aus der es jüngst ganz schön gepoltert hat: Der Felssturz vom 12. Oktober 2007 erregte überregional Aufsehen. Am Fuße des Einsers gabeln sich die Routen zur Drei-Zinnen- und Zsigmondy-Comici-Hütte. Wir steigen links mit Nr. 103 an einem latschenbesetzten Hang auf und schwenken am Felssockel entlang gegen den Einschnitt des Bacherntals ein. Der Bug der Hohen Leist zieht die Blicke auf sich, später übertrumpft vom trutzigen Zwölfer, dessen Nordwand direkt auf die Zsigmondyhütte herabschaut. Noch einige Kehren und wir sind dort angelangt.
Der gut gefügte Weiterweg laviert in westlicher Richtung zwischen schrofigen Flanken und Geländekuppen hindurch und gewinnt ohne besondere Hindernisse das Oberbachernjoch (2519 m). Gleich dahinter in wenigen Schritten über ein Band zur Büllelejochhütte, dem höchstgelegenen Refugium in den Sextener Dolomiten. Wer die Tour zu einer Runde ausbauen möchte, kann dem »101er« via Büllelejoch weiter zur Drei-Zinnen-Hütte folgen und anschließend durchs Altensteintal absteigen: die klassische Sextener Hüttenwanderung.

Zugabe Oberbachernspitze Unter den Paradetouren im Umkreis muss natürlich zuallererst der Alpinisteig Erwähnung finden. In kühner Routenführung, oft auf ausgesprengten Bändern, zieht er quer durch die West- und Nordabstürze des Elfers und ist dabei phasenweise schon ein richtiger Klettersteig. Details findet man in meinem Buch »Panora-

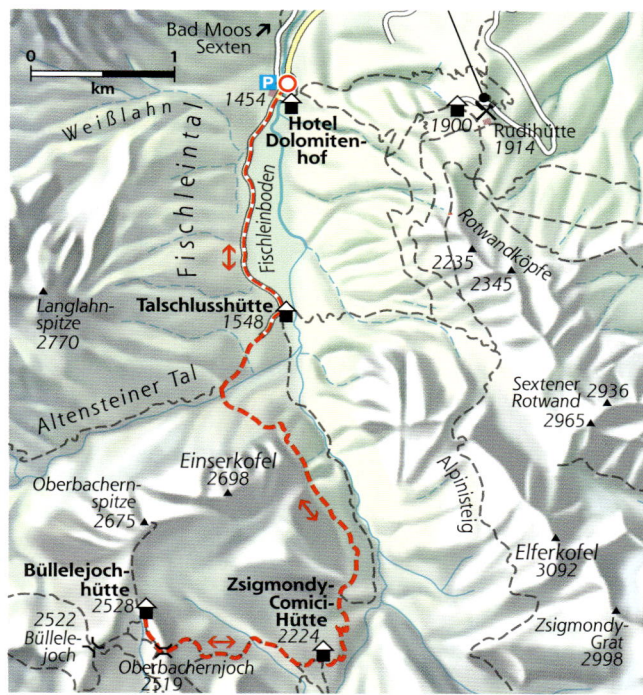

mawege in Südtirol«. Die Oberbachernspitze (2677 m) ist hingegen auch von durchschnittlichen Wanderern ohne große Zusatzmühen zu erreichen. Man steigt direkt von der Büllelejochhütte nordwärts hoch, dreht kurz vor der zerscharteten Kammlinie nach rechts ab und folgt der Wegspur bis auf den Ostgipfel. Frappierend ist der Blick über die jäh abbrechende Nordwand mit der wilden Dreischustergruppe gegenüber.

Der wuchtige Zwölferkofel gehört zur Crème de la Crème in den Sextener Dolomiten.

Als kleines, behagliches Refugium duckt sich die Büllelejochhütte im kargen Stein der Dolomiten.

leicht 3 ¾ Std. 740 Hm 9 km

AUSGANGSPUNKT
Kandellen, Parkplatz beim Hofer
(1604 m); Busanbindung nur bis Wahlen.

GEHZEITEN
Aufstieg 2 Std., Abstieg über Bergalm
1 ¾ Std.

AUFSTIEGSMETER
Ab Parkplatz 740 Hm.

ANFORDERUNGEN
Sehr leichte Bergwanderung, meist über
breite Fahrwege, zur Bergalm Steig durch
Wiesengelände. Prinzipiell für jedermann
geeignet.

KARTE
Tabacco, 1:25 000, Blatt 010
»Sextener Dolomiten« oder Blatt 032
»Antholz – Gsies«.

TOURISMUSINFORMATION
Tourismusverein, I-39034 Toblach,
Tel. 0474/97 21 32.

HÜTTENSTECKBRIEF
Höhe: Bonner Hütte, 2340 m
Besitzer: Gemeinde Toblach, erbaut
1897, neu 2007
Kapazität: 25 Schlafplätze
Bewirtschaftet: Ende Mai–Mitte Oktober
Winterraum: nein
Telefon: 340/942 82 64.

ÜBERGÄNGE
Biwak am Kalksteinjöchl über Bonner
Höhenweg, 3 Std.; Kalkstein (1641 m)
über Pfanntörl oder Toblacher Höhenweg
3 bzw. 5 Std.

GIPFELTOUREN
Toblacher Pfannhorn (2663 m), 1 Std.;
Gaishörndl (2613 m), 1 Std.; Hochhorn
(2623 m), 1 ½ Std.

Lange Zeit präsentierte sich die Bonner Hütte als unappetitliche Ruine, in der nur mehr die Schafe ein- und ausgingen. Die Alpenvereinssektion Bonn hatte den Stützpunkt Ende des 19. Jahrhunderts in wunderbar aussichtsreicher Lage unter dem Gipfel des Toblacher Pfannhorns errichtet und bis zum Ersten Weltkrieg mit mäßigem Erfolg bewirtschaftet. Danach folgte die übliche Enteignung, worauf das Haus bis 1971 noch der italienischen Zollwache diente, ehe es dem Verfall preisgegeben wurde. Es ist der Initiative von Hüttenwirt Alfred Stoll zu verdanken, dass mittlerweile wieder ein richtig gemütliches Bergnest in der südwestlichen Ecke der Villgrater Berge bereitsteht. Unermüdlich schuftete der Tischlermeister mit seinen Helfern über mehrere Jahre und konnte zu Sommerbeginn 2007 schließlich ein überaus achtbares Resultat vorzeigen. Die Gemeinde Toblach als Eigentümer garantierte ihm für diesen Einsatz das pachtfreie Bewirtschaftungsrecht über die nächsten 25 Jahre.

Dabei mag für den reaktivierten Stützpunkt vielleicht kaum eine wirkliche alpintouristische Notwendigkeit bestehen, angesichts der Tatsache, dass Pfannhorn und Co. ohne Weiteres als Tagesziele absolviert werden können. Doch als Offerte für genussorientierte Wanderer ist die neue Bonner Hütte ein absoluter Tipp! Man sollte sich wirklich einmal dort oben einquartieren, abends noch lange das Panorama der Sextener und Pragser Dolomiten über dem Hochpustertal in sich aufsaugen und den Sonnenaufgang am anderen Morgen idealerweise schon auf dem Gipfel des Toblacher Pfannhorns erwarten. Die Stimmungen sind bei entsprechendem Wetterglück unvergesslich!

Zwei Hüttenwege und eine große Überschreitung Die Wanderung zur Bonner Hütte ist eher unspektakulär und ab dem Höfeweiler Kandellen auf zwei verschiedenen Routen möglich, die auch von weniger konditionsstarken Gehern oder Familien mit Kindern gut kombiniert werden können. Der

Kleines Schmuckstück: die Bonner Hütte

kürzeste Aufstieg folgt dabei vom letzten Hof weiter dem breiten, vorerst noch asphaltierten Wirtschaftsweg über den Golfenbach hinaus und zweigt nach einigen Kehren links auf einen Karrenweg ab. Mit Nr. 25 bezeichnet schraubt sich dieser am weit ausladenden Südwestrücken des Pfannhorns empor, gelangt bald schon in freies Gelände mit prachtvoller Dolomitenschau und trifft nach etwa zwei Stunden bei der Hütte ein. Die Variante beginnt von dort mit einer Traverse des Wiesenhangs in den Einschnitt des Golfenbachs, wo etwas tiefer die Bergalm (2085 m) liegt. Auf dem Güterweg (Nr. 25A) gelangt man wieder zum Ausgangspunkt zurück.

Ausdauernde Wanderer können im Rahmen einer Tagestour gewiss auch einen Gipfel einbinden, vorzugsweise das Toblacher Pfannhorn, das zu den renommierten Aussichtsbergen der Region zählt und über den Westrücken binnen einer Stunde zu erreichen ist. Eine Metallscheibe erklärt uns dort oben nahezu alle Details des Süd- und Osttiroler Panoramas. Am intensivsten ausfallen dürfte freilich das Erlebnis des gesamten Toblacher Höhenwegs, der einen großen Bogen vom Weiler Frondeigen bis ins Silvestertal schlägt:

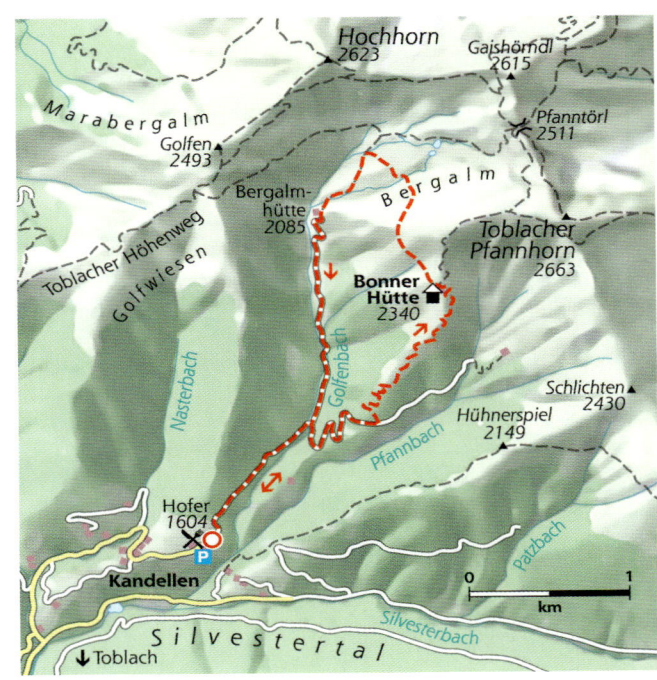

ein Zwei-Tage-Programm mit einer echten Wohlfühl-Hütte zwischendrin. Dafür trägt schon Alfred Stoll Sorge.

Panoramaschau über das Pustertal in die Pragser Dolomiten

REGISTER

Ebenfalls erhältlich ...

ISBN 978-3-7654-5566-7

ISBN 978-3-7654-5148-5

ISBN 978-3-7654-5149-2

ISBN 978-3-7654-5723-4

IMPRESSUM

Unser komplettes Programm:

www.bruckmann.de

Produktmanagement: Susanne Kaufmann
Lektorat: Dr. Gotlind Blechschmidt, Augsburg
Layout: Medienfabrik, Stuttgart
Repro: Cromika, Verona
Kartografie: Rolle-Kartografie, Holzkirchen
Herstellung: Anna Katavic
Gesamtherstellung: GeraNova Bruckmann Verlagshaus GmbH

Alle Angaben dieses Werkes wurden vom Autor sorgfältig recherchiert und auf den
aktuellen Stand gebracht sowie vom Verlag geprüft. Für die Richtigkeit der Angaben
kann jedoch keine Haftung übernommen werden.
Für Hinweise und Anregungen sind wir jederzeit dankbar. Bitte richten Sie diese an:
Bruckmann Verlag
Postfach 40 02 09
80702 München
lektorat@bruckmann.de

Bildnachweis:
Alle Aufnahmen stammen vom Autor.

Motiv der Umschlagvorderseite: Idylle am Flaggersee mit der Jakobsspitze dahinter
Motiv der Umschlagrückseite: Auf den Gampenwiesen im hinteren Villnösstal

Die Deutsche Nationalbibliothek verzeichnet diese Publikation in der Deutschen Nationalbibliografie;
detaillierte bibliografische Daten sind im Internet über http://dnb.d-nb.de abrufbar.

Aktualisierte Neuauflage
2013 © 2008 Bruckmann Verlag GmbH, München
ISBN 978-3-7654-6126-2